Karin Detert

Wenn Gott uns ins Staunen versetzt…

EDITION WORTSCHATZ

Druck und Bindung des vorliegenden Buches erfolgten in Deutschland

Die Deutsche Bibliothek verzeichnet diese Publikation in der
Deutschen Nationalbibliografie; detaillierte bibliografische
Daten sind im Internet über www.d-nb.de abrufbar

Die Bibelstellen sind, sofern nicht anders angegeben, zitiert aus:
Schlachter 2000 © 2000 Genfer Bibelgesellschaft.
Weitere verwendete Bibelübersetzung: Revidierte Elberfelder Bibel © 1985
SCM R. Brockhaus im SCM-Verlag GmbH & Co. KG, Witten (ELB)

Umschlaggestaltung: spoon design, Olaf Johannson
Umschlagabbildungen: Brooke Lark, Dominik Schroder,
jeweils unsplash.com
Satz, Korrektorat und Herstellung: Edition Wortschatz

© 2022 Karin Detert

Edition Wortschatz, Sauerbruchstraße 16, 27478 Cuxhaven
ISBN 978-3-943362-71-8, Bestell-Nr. 588 971

Nachdruck und Vervielfältigung, auch auszugsweise,
nur mit Genehmigung der Autorin

www.edition-wortschatz.de

EDITION WORTSCHATZ

Inhalt

Teil I: Mit Gott durch dick und dünn

Teil II: In persönlichen Zeiten tiefer an sein Herz

Teil III: Erlebnisse aus Zeiten der argentinischen Erweckungsbewegung der 1990er Jahre

Teil IV: „Rufe mich an, so will ich dir antworten ..."

Vorwort von Matthias Hoffmann

Schon in ihrem ersten Buch *Mit Gott an unserer Seite wird das Leben zum Abenteuer* hat Karin Detert uns auf lebendige und humorvolle Weise mit hineingenommen, wie so manche anfangs ausweglos erscheinende Situation am Schluss zur Landebahn für Gottes Wunder wurde. Genauso spannend und ermutigend geht es in ihrem neuen Buch *Wenn Gott uns ins Staunen versetzt* weiter. Es sind alltagstaugliche Mutmacher-Wundergeschichten, die Karin Detert, als vielgeliebte Tochter des Himmels und weitgereiste Brückenbauerin unter vielen Nationen mit ihrem Abba-Vater zusammen erlebt hat.

Wir können so viel kindliches Vertrauen und neuen Glaubensmut gewinnen durch die Weisheit und die biblischen Offenbarungen, von denen wir hier lesen. Dabei geht es Karin weniger um die richtigen Lehrmeinungen, sondern vielmehr berichtet sie uns authentisch überzeugend von ihren persönlich durchlebten und bewährten Gottes-Erfahrungen auf ihrer Abenteuerreise durchs Leben. Diese wahren Geschichten sind nicht weltfremd und abgehoben, sondern hier treffen Gottes Zusagen auf alltägliche Herausforderungen, wie wir sie alle kennen.

Meine Frau Karin und mich verbindet seit vielen Jahren eine herzliche Freundschaft und Weggemeinschaft mit der Autorin. Wir waren so manches Mal selber mit dabei, als der Vater im Himmel ein neues Kapitel seiner Wundergeschichten im Leben dieser herrlichen Tochter geschrieben hat. Mit freundlichem Schmunzeln, aber auch mit heiliger Ehrfurcht können wir bezeugen, dass unser Abba-Vater sich wirklich zu dieser Frau Gottes und zu ihrem Dienst stellt.

Hast du auch Sehnsucht, neu ins Staunen über Gottes Möglichkeiten in deinem eigenen Leben versetzt zu werden? Dann lass doch, so wie auch ich es gemacht habe, Karin Deterts Gebet zu deinem eigenen Gebet werden:

....

„Gott, ich sehne mich nach einer tieferen Beziehung
mit dir. Ich möchte dich noch besser kennenlernen.
Tauche mich ganz neu in den Strom deiner Liebe ein
und öffne mir die Augen, wie du wirklich bist."

....

Matthias Hoffmann
VATERHERZ BEWEGT – Hannover

Vorwort von Lars Jaensch

Drei Jahre lang waren die Jünger tagtäglich mit Jesus zusammen, hatten Wunder gesehen und seinen Worten gelauscht. Gemeinsam hatten sie vieles erlebt und ihren Alltag miteinander geteilt. Und nun gab Jesus ihnen den Auftrag, von diesen Erlebnissen und Worten zu erzählen: „Ihr werdet meine Zeugen sein…" Ein Zeuge muss kein Fachmann sein; er hat einfach etwas gehört, gesehen und persönlich erlebt, und genau davon erzählt und berichtet er.

Karin Detert ist eine solche Augenzeugin par excellence. Wer sie kennt – meine Frau Marion und ich sind seit vielen Jahren mit ihr befreundet –, weiß, dass man nicht mit ihr zusammen sein kann, ohne dass sie staunend und ehrfurchtsvoll vom Wirken Gottes erzählt, von Schätzen aus seinem Wort – der Bibel – und von dem, was sie persönlich mit Jesus erlebt hat. Wie oft saßen wir an unserem Küchentisch und sie berichtete dann von großen und kleinen Wundern, von unglaublichen Begebenheiten, erstaunlichen Begegnungen und göttlichen „Zufällen", aber auch von inneren Kämpfen und schmerzhaften Wachstumsschritten. Authentisch, verletzlich und offen gestattet sie uns jedes Mal einen sehr persönlichen Einblick in ihr Leben mit Gott – mit all seinen Höhen und Tiefen.

Ihr Buch holt den Leser nun quasi mit an unsere Tafel. Und so lauschen wir gemeinsam bei einer Tasse Tee ihren Erzählungen. Karins Begeisterung und ihr kindliches Gottvertrauen, ihre Erlebnisse und Berichte sind sehr ermutigend, aber sie fordern uns auch dazu heraus, unsere Komfortzone zu verlassen und eigene Schritte des Glaubens zu wagen. Daher schätzen wir Karin Detert und ihre Geschichten so sehr. Sie regen uns immer wieder dazu an, unsere Tage bewusster zu leben und Gottes liebevolle Hand in unserem Alltag zu entdecken und dankbar zu schätzen. Staunend stellen wir fest: „Gott hat ja auch in unserem Leben immer wieder Geschichte geschrieben". Das macht uns Mut für die Zukunft: „Ganz sicher wird er uns auch weiterhin treu zur Seite stehen!"

Vor inzwischen fast zwanzig Jahren durfte ich erleben, dass Jesus mich – von einem Tag auf den anderen – von chronischer Allergie und einem lebenslangen Heuschnupfen geheilt hat. Immer wieder habe ich davon erzählt und jedes Mal durfte ich sehen, wie meine Geschichte in anderen Menschen einen Funken der Hoffnung und des Glaubens entzündet hat. Manch einer wurde dann auch selbst geheilt. Auf geheimnisvolle Art und Weise scheint es, dass in solchen Geschichten eine Kraft Gottes verborgen liegt. Werden sie erzählt und weitergegeben, wird diese Kraft wieder aktiviert und wirksam – im eigenen Heute und auch im Leben der Zuhörer.

In diesem Sinne wünsche ich von Herzen und ist es mein Gebet, dass dieses neue Buch von Karin Detert auch in dir, dem Leser, eine Flamme des Gottvertrauens entzündet. Mögest du durch dieses Buch und Karins Erlebnisse gesegnet werden. Mögen ihre Geschichten dich dann aber auch dazu inspirieren, Gottes Wirken in deinem eigenen Leben zu entdecken, zu achten und glaubensvoll für die Zukunft zu erwarten. Dann wird auch deine Geschichte wiederum andere Menschen ermutigen und inspirieren …

Lars Jaensch
Pastor der Freien Christengemeinde Kiel
und Regionalleiter der BFP-Region Schleswig-Holstein

Einführung

Mit Gott zu leben ist spannend. Es ist eine lebenslange Entdeckungsreise, auf der er uns immer wieder neu zum Staunen bringt. Ich möchte dich, liebe Leserin, lieber Leser, mit hineinnehmen in spannende Erfahrungen meines Lebens, durch die ich entdecken durfte, wie sehr Gott es liebt, mit uns in Beziehung zu leben. Er freut sich, wenn wir ihn aktiv an unserem Alltagsleben teilhaben lassen. Er möchte mit uns durch dick und dünn gehen, uns durch die Täler unseres Lebens begleiten, auf die nächste Anhöhe führen und gemeinsam die Siege mit uns feiern. Er liebt die Gemeinschaft mit uns und redet auf unterschiedlichen Wegen zu unserem Herzen. Er hat einen wunderbaren Plan für unser Leben und möchte uns auf unserem Weg führen und leiten. Und er ist voller Güte und Gnade und überrascht uns gerne völlig unerwartet und kreativ mit Zeichen seiner Liebe, um uns dadurch immer wieder neu ins Staunen zu versetzen. Gott hat so viel mehr für uns vorbereitet, als wir uns vorstellen können. Und das gilt es zu entdecken.

Ich möchte dich auch mit hineinnehmen in Erfahrungen von Gottes Wirken, die ich Anfang der 1990er Jahre in Argentinien machen durfte. Es war damals eine Zeit, in der sich die Gegenwart Gottes während der Gottesdienste stark auf den Versammlungen einer Gemeinde in Buenos Aires lagerte und dann oft sehr ungewöhnliche Dinge geschahen, die mein Herz tief berührten und veränderten.

Mein Gebet ist, dass du beim Lesen der einzelnen Kapitel erlebst, wie Gott dir persönlich begegnet und dich tief berührt und dadurch eine Sehnsucht nach einer noch vertrauteren, engeren Beziehung zu ihm freigesetzt wird. Und möge ein neues, stärkeres, übernatürliches Wirken seiner Gegenwart und Herrlichkeit in deinem Leben, deiner Familie, deiner Gemeinde, deinem Dienst spürbar werden.

Falls du den, der mir begegnet ist und mein Leben revolutioniert hat, vielleicht noch gar nicht kennst, bete ich, dass seine Liebe auch dein Herz erreicht.

Teil I

Mit Gott durch dick und dünn

1

Lebt Jesus in Ramsgate?

Im Jahr 1987 begann eine spannende Entdeckungsreise, die bis heute andauert und mich immer wieder neu begeistert. Während eines sechsmonatigen Sprachkurs-Aufenthaltes in Ramsgate, England, hatte ich Jesus Christus kennengelernt und ihm mein Leben übergeben. Jetzt wollte ich ihn unbedingt besser kennenlernen, worüber ich in meinem Buch *Mit Gott an unserer Seite wird das Leben zum Abenteuer* detaillierter berichte.

Mein Sprachschullehrer, der mich zu Jesus geführt hatte, schenkte mir eine deutsche Bibel, die ich intensiv zu studieren begann. Was für ein spannendes Buch! Ich hatte in jungen Jahren mal versucht, die Bibel zu lesen, aber sie erschien mir wie „ein Buch mit sieben Siegeln". Völlig unverständlich. Jetzt allerdings, nachdem ich Jesus in mein Leben eingeladen hatte, fing es an, lebendig zu werden. Die Geschichten, die ich las, berührten mein Herz und sprachen plötzlich in meine persönliche Lebenssituation hinein. Ich besuchte alle angebotenen Veranstaltungen der örtlichen Glaubensgemeinde „Kings Fellowship", um Gott besser kennenzulernen. Die Tage und Wochen vergingen gefühlt immer schneller und der Abschied von Ramsgate kam näher. „Was mache ich denn jetzt, wenn die sechs Monate um sind? Eigentlich müsste ich ja nach Deutschland zurück und mir einen Job suchen. Aber was wird dann aus Jesus?"

Da ich nie zuvor in Deutschland davon gehört hatte, dass man Gott „kennenlernen und mit ihm leben kann", dachte ich anfangs, dass Jesus in Ramsgate lebt. Dort hatte ich erstmals von einem auferstandenen Jesus gehört und ihn in mein Leben eingeladen. Deshalb beschloss ich, nach Abschluss meines Sprachstudiums dort zu bleiben und mir vor Ort eine Arbeit zu suchen. Ich erzählte meinem Pastor von meinen Gedanken und wie ich mich darüber freute, dass Jesus in mein Leben gekommen war. Das hatte wirklich alles für mich verändert. Mein Pastor lächelte, während er mir zuhörte. „Jesus lebt doch jetzt *in* dir. Er ist überall, wo du bist. Egal, ob du in England lebst oder nach Deutschland zurückgehst. Da brauchst du dir gar keine Gedanken zu machen. Durch den Heiligen Geist lebt Jesus jetzt *in* dir und er wird dich nie verlassen. Das kannst du in Hebräer 13 nachlesen."

Hm, irgendwie konnte ich das nicht wirklich glauben. Noch nie hatte mir jemand in Deutschland von einem lebendigen, auferstandenen Jesus erzählt, der mit mir leben und mit mir zusammen durchs Leben gehen wollte. Nur hier in England hatte ich davon gehört. In meinen Augen schien das in Deutschland nicht bekannt zu sein. Oder lebte Jesus vielleicht doch nur in England?

Eines Tages schickten mich meine Gasteltern Dawn und Martin per Zug für ein Wochenende nach Chester, wo Dawns Schwester wohnte. Dawn und Martin waren die Co-Pastoren der örtlichen Gemeinde, in der ich mich bekehrt hatte. Sie hatten mich im Rahmen der Unterbringung von Sprachschulstudenten für einige Monate bei sich aufgenommen. Schweren Herzens setzte ich mich schließlich in den Zug und überlegte, wie wohl das erste Wochenende ohne Jesus sein würde. – Ich dachte ja immer noch, er würde nur in Ramsgate leben. –

Da ich keine Lust auf viele Leute hatte, suchte ich mir ein leeres Abteil, verstaute mein Handgepäck in der Ablage und ließ mich auf einen Sitz am Fenster nieder. Langsam fuhr der Zug an und rollte aus der Stadt hinaus. Ich lehnte mich zurück, schaute aus dem Fenster und genoss die an mir vorbeiziehende, herrliche englische Landschaft. Zugfahren ist schon echt etwas Schönes. Man kann ganz entspannt einen Kilometer nach dem anderen zurücklegen und braucht sich nicht auf die Strecke zu konzentrieren. Autofahren war da schon was ganz anderes; zumal der Linksverkehr in England am Anfang für mich sehr herausfordernd war, da sie dort ja, jedenfalls für mein Empfinden, auf der „falschen" Seite fuhren. Es kostete mich einige Zeit, beim Überqueren der Straße in die richtige Richtung zu schauen. Ich glaube, es brauchte einige Engel, die über mir wachten, damit ich nicht aus Versehen vor ein Auto rannte und als Kühlerfigur endete.

Als ich nun so vor mich hin träumend in meinem Abteil saß, hörte ich plötzlich eine leise Stimme neben mir: „Du, ich fahre übrigens mit dir zusammen nach Chester." Schlagartig war ich hellwach. Ich schaute ganz erstaunt auf den leeren Platz rechts neben mir, von wo die Stimme zu kommen schien. Ich hörte nur diesen einen Satz. Und dann war es wieder ganz still. Ich hatte noch nicht gelernt, wie man die Stimme Gottes hören konnte. Aber ich wusste in meinem Herzen, dass das gerade Jesus war. Dieser Satz berührte mich zutiefst. Er sagte zwar nur, dass er mit mir nach Chester fahren würde, aber ich „wusste" augenblicklich, dass damit viel mehr gemeint war. Nämlich das, was mein Pastor mir schon zu erklären versucht hatte. Plötzlich hatte ich diese tiefe Gewissheit: Wo auch immer ich hingehen werde, Jesus lebt in mir und geht mit mir. Ich brauchte keine Angst mehr zu haben, ihn vielleicht in England zurücklassen zu müssen, falls ich doch wieder in meine Heimat zurückkehren sollte. Mir fiel ein Stein vom Herzen.

Vor meiner Rückkehr nach Deutschland wollte ich aber unbedingt noch hier getauft werden. Auch bat ich meinen Pastor, für mich eine Gemeinde in Deutschland ausfindig zu machen, wo ich gleich nach meiner Rückkehr hingehen konnte. Ich wollte auf keinen Fall mehr den verlieren, den ich in England gefunden hatte. Mir war ganz egal, wo die Gemeinde sein würde. Hauptsache eine gute Gemeinde, in der ich ein geistliches Zuhause finden konnte. Es gab noch so viel zu lernen. Ich wollte doch unbedingt diesen „Jesus" noch viel besser und intensiver kennenlernen. „Okay, wenn Jesus mit mir geht, dann gehe ich zurück nach Deutschland." Aber ich war fest entschlossen, erst eine Gemeinde zu finden – falls nicht in Berlin, meiner Heimatstadt, dann wäre ich auch bereit, umzuziehen – und mir dann vor Ort eine Arbeit zu suchen. Ich hielt nichts von dem Gedanken, erst irgendwo eine Arbeit zu suchen und dann hoffentlich in der Nähe auch eine gute Gemeinde zu finden. Nein, unbedingt andersherum. Jesus war zu meinem Schatz geworden, zum Zentrum meines Lebens, und alles andere kam jetzt an zweiter Stelle. Meine Prioritäten hatten sich grundlegend verändert. Mein Pastor fand dann für mich sogar in Berlin eine Gemeinde.

Da ich nun erkannt hatte, dass Jesus nicht ortsgebunden war, konnte ich, nachdem ich wieder in Berlin eingetrudelt war, weitere Pläne schmieden. Ich dachte daran, vielleicht noch sechs Monate nach Spanien zu gehen, um dort meinen Spanischkenntnissen zu einem Durchbruch zu verhelfen. Ich hatte zwar Spanisch mit Abschluss als Diplom-Übersetzerin studiert, aber an der Uni mündlich mit einer „Fünf" abgeschlossen. Ich hatte das dumpfe Gefühl, ohne einen Durchbruch in dieser Sprache würde ich sie wohl beruflich nie anwenden können.

Aber wie fand ich jetzt heraus, ob Gott wollte, dass ich nach Spanien gehe oder ob es meine eigenen Gedanken waren? Ich hatte doch mein Leben in Gottes Hände gelegt und in der Bibel gelesen, dass er einen Plan für unser Leben hat und uns führen und leiten will. Ich beschloss, darüber mit dem Pastor meiner neuen Gemeinde in Berlin zu sprechen. Ich bat ihn, mir zu erklären, wie

ich Gottes Willen bezüglich eines Spanienaufenthaltes herausfinden könnte und mit mir zusammen darüber zu beten. Einige
Wochen sprachen wir jeden Sonntag nach dem Gottesdienst kurz
miteinander. An einem Sonntag hatte ich den Eindruck, Gott
sagte, ich solle nach Spanien gehen. Am Sonntag darauf, dass ich
in Berlin bleiben solle. Und so ging das einige Wochen hin und
her.

Mit der Zeit verfestigte sich jedoch der Eindruck, ich solle mich
aufmachen, um noch eine Zeit in Spanien zu verbringen. Meine
Eltern wollten, dass ich unbedingt wieder auf eine Sprachschule
gehe. Aber das schien mir keine so gute Idee. Ich dachte, dort rede
ich dann bestimmt in allen anderen Sprachen, die ich inzwischen
kann, und mein innerer Schweinehund hält mich vom Spanisch-
reden ab. Außerdem wollte ich unbedingt auch in Spanien wieder
in eine Gemeinde gehen. So beschloss ich, eine Gemeinde ausfindig zu machen, bei der ich sechs Monate unterkommen könnte.
Ich wollte am liebsten dann auch mit Leuten aus der Gemeinde
zusammenwohnen, um von Anfang an mitten ins Land einzutauchen, mich direkt unters Volk zu mischen und möglichst alle
anderen Sprachen um mich herum auszublenden. Das erschien
mir am Erfolg versprechendsten.

Nun gab es damals aber noch kein Internet, kein preisgünstiges
Telefonieren, nichts, was eine schnelle und gute Kommunikation
ermöglichte. Inzwischen hatte ich aus verschiedenen Quellen ein
paar Adressen von Gemeinden in Spanien bekommen, die ich
bezüglich meines Anliegens per Brief kontaktierte. Die Briefe
brauchten damals ziemlich lange, um von Deutschland nach Spanien zu kommen. Und die Antwort würde sicherlich auch noch
einige Zeit in Anspruch nehmen.

Um keine wertvolle Zeit zu verlieren, beschloss ich deshalb, mir
ein Zugticket zu besorgen und einfach schon mal loszufahren. Da
mein Leben in Gottes Händen lag und ich den Eindruck hatte, er

wollte, dass ich nach Spanien ging, würde er sich sicherlich auch um den Rest kümmern. Und da er in mir lebte, waren wir ja jetzt zu zweit unterwegs. Ich hatte über einen Kommilitonen für die ersten Tage in Madrid eine Anlaufstelle bei seinem Bruder. Von dort würde ich dann sehen, wie es weitergeht.

Meine Eltern waren ziemlich entsetzt bei dem Gedanken, dass ich ohne zu wissen, wo ich landen würde, einfach schon mal losfahren wollte. „Kind, wo willst du denn hin? Bei wem willst du denn unterkommen?" „Das weiß ich noch nicht. Aber ich habe mein Leben ja jetzt in Gottes Hände gelegt. Und er hat einen Plan für mich. Was genau, das werde ich dann in Spanien herausfinden. Also, ihr könnt ganz entspannt sein." So im Nachhinein habe ich schon manches Mal mitfühlend gedacht: „Was meine Eltern so alles mitmachen mussten mit mir und meinen neuen Lebensprioritäten." Damals konnte ich gar nicht nachvollziehen, wieso sie sich Sorgen machten. Aber da sie selber nicht mit Gott lebten, erschien ihnen meine Vorgehensweise wahrscheinlich höchst riskant.

Ich reiste ungefähr acht Tage, nachdem ich die Briefe auf den Weg gebracht hatte, meinen geäußerten Absichten hinterher. Nach einer langen Bahnfahrt, auf der ich innerlich doch etwas angespannt war, weil ja viel Ungewisses auf mich wartete, kam ich schließlich ziemlich müde in Madrid an. Der Bruder meines Kommilitonen war zum Glück am Bahnhof, auf dem wir uns trotz vieler Menschen erstaunlich schnell gefunden hatten. Ich war sehr erleichtert.

Er war natürlich sehr gespannt, mich kennenzulernen und von mir zu erfahren, was ich eigentlich vorhatte. Bei einem leckeren Abendbrot, zu dem auch seine Schwester noch hinzustieß, erzählte ich ein bisschen, weshalb ich bei ihnen Zwischenstation machen wollte und wie es weitergehen würde.

Sie staunten nicht schlecht, als ich ihnen zu allererst natürlich von meiner Begegnung mit Jesus berichtete und wie mein Leben und meine Prioritäten sich dadurch total verändert hatten. Beide waren damals noch nicht gläubig. Am nächsten Tag, nachdem ich mich von der langen Reise ein bisschen erholt hatte, setzte ich mich ans Telefon, um meine Kontakte, die ich zuvor von Deutschland aus angeschrieben hatte, anzurufen und herauszufinden, welche Tür sich öffnen würde.

Mein erstes Gespräch mit dem Pastor einer Gemeinde in Madrid war total entmutigend. Zum einen klang mein gesprochenes Spanisch per Telefon ziemlich armselig. Und zum anderen war mein „Hörverständnis" dessen, was die Person am anderen Ende der Leitung in einem rasant schnellen Redeschwall über mich ergoss, noch armseliger. Es schien, als hätte der Pastor beim Reden nicht mal Luft geholt. Ich meinte, zumindest herausgehört zu haben, dass ich nicht zu ihnen kommen könnte. Und so dachte ich nur: „Ganz schnell auflegen!" Gesagt, getan. Dann atmete ich tief durch. „Oh je, worauf hatte ich mich bloß eingelassen? War es vielleicht ein Fehler gewesen, nach Spanien zu fahren? Hatte ich mich verhört? Wollte Gott doch nicht, dass ich hier in eine Gemeinde ging? Hatte ich mir das alles eingebildet?" Aber dann rief ich mir nochmal in Erinnerung, wieso ich den Eindruck gehabt hatte, es sei richtig zu gehen. Hatte sich denn daran etwas geändert, nur weil mein erstes Telefonat so frustrierend war? Ich beschloss, mich nicht entmutigen zu lassen. Ich hatte doch noch mehr Adressen. Und wenn Gott mit mir war, dann würde er bestimmt den richtigen Kontakt herstellen.

Als nächstes wollte ich den Pastor einer Gemeinde in Burgos anrufen. Ich schickte schnell noch ein Stoßgebet zum Herrn, nahm den Hörer und wählte mutig die nächste Telefonnummer. Ich hörte das Freizeichen. Es klingelte eine ganze Weile und schließlich erklang am anderen Ende der Leitung eine Stimme, die sich in etwas gebrochenem Spanisch meldete. Schnell stellte sich heraus, dass der Pastor und seine Frau Amerikaner waren, die schon viele Jahre in Burgos arbeiteten. Mir fiel ein Stein vom Herzen. Ich konnte also jetzt entspannt auf Englisch mein Anliegen vorbringen. Der Pastor war super nett und es machte Spaß, sich mit ihm zu unterhalten. Ich fragte, ob es möglich sei, für sechs Monate nach Burgos zu ihnen in die Gemeinde zu kommen und bei jemandem aus der Gemeinde zu wohnen, damit ich mein Spanisch etwas auf Vordermann bringen könnte. Er fand die Idee richtig gut und war sehr offen für den Gedanken. Dann fragte er mich, an welchen Zeitraum ich dachte. Ob ich lieber im Sommer oder im Winter kommen wollte. Ich sagte voller Freude, ich sei bereits in Madrid und könnte schon morgen kommen.

Schweigen am anderen Ende der Leitung. Ich wusste nicht, ob er noch da war oder, ohne dass ich es gemerkt hatte, schon aufgelegt hatte. „Bist du noch da? Hallo? Roberto?" So hieß er nämlich. Langsam räusperte er sich: „Ach, du bist schon fast vor der Haustür? Ja, dann, hm. Kann ich dich zurückrufen? Ich kann das gar nicht alleine entscheiden. Ich muss mal mit den anderen sprechen und melde mich dann wieder, okay?" Ich dachte: „Super, ihn habe ich auch vergrault. Ging ihm wahrscheinlich etwas zu schnell, dass ich gleich Nägel mit Köpfen machen wollte. ‚Herr, du musst mir bitte helfen. Er klang richtig nett und ich glaube, ich könnte mich dort in der Gemeinde wohlfühlen und mich zumindest auch mit dem Pastor auf Englisch verständigen. Das könnte für den Anfang wirklich hilfreich sein.‘"

Jetzt hieß es abzuwarten, ob er sich nochmal melden würde. Nach nur 20 Minuten klingelte das Telefon. Roberto war dran und überbrachte mir die freudige Botschaft, dass sie sich auf mich freuen würden. Alles Weitere könnten wir dann besprechen, wenn ich vor Ort sei. Ich sollte ihnen einfach meine Ankunftszeit mitteilen, und dann würden sie mich einsammeln kommen. „Danke, Herr, du bist spitze!" Ich war zutiefst erleichtert.

Nun war die Frage, wie ich am nächsten Tag nach Burgos kommen würde. Es stellte sich heraus, dass mein Gastgeber auch dorthin fahren musste, sodass wir uns zusammen per Bus auf den Weg machen konnten. Ich freute mich, dass ich nicht alleine weiterreisen brauchte, sondern jetzt sogar noch einen einheimischen Begleiter hatte. Besser konnte es gar nicht kommen. Der Herr hatte alles wunderbar vorbereitet. Ich konnte mir mit einer Schwester aus der Gemeinde ihre Wohnung teilen, lernte viele wunderbare Glaubens-Geschwister kennen, die mich ohne Ende zum Reden herausforderten, tauchte tief in das Gemeindeleben ein und hatte einen Durchbruch im Spanischen.

Gott hatte meinen Mut belohnt, mich auf das Abenteuer einzulassen, sechs Monate nach Spanien zu gehen, auch wenn ich mich vielleicht etwas schnell und waghalsig auf den Weg gemacht hatte. Ich durfte lernen, ihm Schritt für Schritt zu vertrauen, dass er bei mir ist und mir zur richtigen Zeit die richtige Tür öffnen würde.

Egal, wo wir sind, Gott ist immer bei uns. Wir sind nicht mehr allein, wenn wir ihn in unser Leben eingeladen haben. Wir fühlen uns vielleicht manchmal allein, aber wir sind es nicht. Jesus ist zum Vater gegangen und hat uns einen anderen Beistand gesandt, den Heiligen Geist, der jetzt in uns lebt, wie wir in Johannes 14, Vers 16 lesen können.

Ich war so froh, dass Jesus nicht auf Ramsgate „festgelegt" war. – Er hat damals bestimmt über meine Vorstellung, dass er vielleicht nur dort lebte, geschmunzelt. – Sobald wir ihn in unser Leben eingeladen haben, lebt er in uns. Er ist mit uns. Er führt und leitet uns, und wir dürfen uns ihm zu 100 Prozent anvertrauen.

2

Der Exhibitionist

Während meiner sechsmonatigen Zeit in Burgos las ich oft stundenlang in der Bibel, weil ich Jesus immer besser kennenlernen wollte. Und wenn man erstmal anfängt, die Bibel intensiv zu studieren und dann vom Wort Gottes berührt wird, möchte man sie am liebsten gar nicht mehr aus der Hand legen. So verbrachte ich Tage und Wochen, in denen ich mich im Wort vergrub und nur staunte, was alles für Schätze darin verborgen waren. In Jeremia 33, Vers 3 entdeckte ich, wie Gott sagt:

„Rufe mich an, so will ich dir antworten und dir große und unbegreifliche Dinge verkünden, die du nicht weißt."

Je mehr ich forschte und fragte, desto mehr erlebte ich, wie Gott redete. Ich war sehr hungrig und hatte sehr viele Fragen. Das hatten schon meine Gasteltern in England zu spüren bekommen, denen ich immer Löcher in den Bauch gefragt hatte. Aber sie liebten es und versuchten so gut es ging, alle meine Fragen zu beantworten.

Neben meinem persönlichen Bibelstudium ging ich auch so oft wie möglich in die Gemeinde. Wann immer es eine Veranstaltung gab: Ich war dabei. Ich wohnte etwa 25 Gehminuten von der Gemeinde entfernt und liebte es, am Ufer eines kleinen Flusses, gleich neben unserer Häusersiedlung, Richtung Stadtzentrum entlang zu laufen. So auch an diesem Sonntagmorgen, als ich ein besonderes Erlebnis hatte.

Es war Frühling und die Bäume begannen auszuschlagen. Die Blätter waren noch nicht so dicht und das kleine Wäldchen beim Fluss noch gut einsehbar. Ich war etwas früher losgegangen als gewöhnlich, weil ich diesen wunderbaren Frühlingsmorgen vor dem Gottesdienst noch etwas in der Natur genießen wollte. Es war einfach ein herrlicher Tag: blauer Himmel, Sonne, herrliche Luft. Die Blätter wippten in der leichten Morgenbrise hin und her und rechts neben mir lag der Fluss, der sich langsam voran bewegte. Da noch mehr Menschen auf den Gedanken eines Morgenspaziergangs gekommen waren, entschied ich mich, einen kleinen Pfad am Ufer entlangzugehen, der noch recht menschenleer aussah.

Ich hatte wie immer beim Spazierengehen die Kopfhörer meines Walkmans im Ohr und hörte gerade eine Audiokassette von Kenneth Hagin, einem amerikanischen Pastor, der viel über Glauben und Heilung lehrte. Da Kenneth Hagin auf Englisch predigte, konnte ich auch wieder ein bisschen in diese Sprache eintauchen, die ich ja gerade erst in England gelernt hatte. Ich genoss seine klare Lehre. Mit meinen Stöpseln im Ohr hörte ich ganz konzentriert zu und schaute dabei mit gesenktem Kopf direkt vor mir auf den Weg. Ich bekam kaum mehr Geräusche um mich herum mit und war wie in eine andere Welt abgetaucht.

Was dieser Prediger da wieder aus dem Wort herausholte, faszinierte mich. Ohne es zu bemerken, wurde ich immer langsamer. Ich wollte jedes Wort mitbekommen und ja nichts verpassen.

Meinen Blick fest auf den Boden vor mir gerichtet, hatte ich plötzlich den Eindruck, ich würde gleich gegen einen Baum rennen. Irgendetwas stand völlig unerwartet vor mir im Weg. Ich stoppte und schaute hoch, um zu sehen, was es war. Direkt vor mir hatte sich ein Exhibitionist aufgepflanzt. Er war wie aus dem Nichts aufgetaucht, hatte sich direkt vor mir aufgebaut und versperrte mir nun mit seinem Fahrrad den Weg. Ich schaute ihn ganz erstaunt an. Dann kam es wie aus der Pistole geschossen aus mir heraus: „Jesus kann dir helfen!" Der Mann schaute mich entsetzt an, sprang auf sein Fahrrad und raste davon. Ich war ganz verwirrt. „Was hat er denn? Warum hat er denn so schnell die Flucht ergriffen?" Ich hatte überhaupt nicht verstanden, was soeben passiert war.

Schnell nahm ich meine Kopfhörer ab und beeilte mich, in die Gemeinde zu kommen. Ich brannte darauf, den Geschwistern zu erzählen, was ich gerade erlebt hatte. Wie krass! Der Mann war einfach weggerannt, dabei hätte Jesus ihm doch helfen können. Ich war so herrlich unbedarft und an diesem Morgen voller Wort Gottes und guter Lehre, so dass ich ganz kindlich und furchtlos reagierte und sagte: „Jesus kann dir helfen!"

Die Mächte in diesem Mann hörten nur den *Namen Jesus* und suchten voller Panik das Weite. Eine geniale Erfahrung. Da war Kraft in dem *Namen Jesus* und der Feind musste weichen, obwohl ich noch ganz jung im Glauben war. Ich hatte mich ja erst vor etwa acht Monaten bekehrt. Aber der Geist Gottes lebte schon in mir. Und der *Name Jesus* hat Macht, egal ob wir noch ganz jung im Herrn oder schon alte Hasen sind. Es ist Kraft in seinem *Namen* und jedes Knie muss sich vor ihm beugen.

Also solltest du mal in eine unangenehme Situation kommen, der Name Jesus hat Kraft und schlägt den Feind in die Flucht!

3

Sehen, was der Vater tut

Zusammen mit ein paar Freunden war ich einmal für zehn Tage als Gebetsteam in Israel unterwegs. Die meiste Zeit davon verbrachten wir in Jerusalem bei einer kleinen spanischsprachigen Gemeinde. Es war wie so oft ein heißer Tag. Wir hatten gerade einen freien Vormittag und machten uns auf den Weg zum Ölberg, um von dort die Stadt zu segnen. Ich finde es immer wieder bewegend, dort zu verweilen, die Stadt zu betrachten und mir zu überlegen, wie das Leben wohl zu Zeiten Jesu war. Ich erinnerte mich an die Bibelstelle, wo Jesus sagt, er tue nur die Dinge, die er den Vater tun sieht (Johannes 5,19). Ja, das sprach mich wieder ganz neu an: so wie Jesus durchs Leben zu gehen, nahe am Herzen des Vaters zu sein und zu schauen, was er tut, um es dann auf der Erde umzusetzen. Wir hatten uns Zeit genommen, damit jeder ein bisschen seinen Gedanken nachhängen konnte. Dann fanden wir uns wieder zusammen, um uns auszutauschen und noch gemeinsam zu beten. Ich erzählte, wie mich dieser Gedanke „wie Jesus sehen zu können, was der Vater tut", bewegt hatte.

Und so brachten wir dieses Anliegen vor Gott:

....

„Vater im Himmel, wir wollen wie Jesus sehen können, was du tust und es dann auch in unserem Alltag umsetzen. Jesus hat gesagt, er kann nichts tun aus sich alleine. Er schaute immer zuerst auf dich. Und wir rennen so oft geschäftig durchs Leben und nehmen uns überhaupt keine Zeit, mal

auf dich zu schauen, was du gerade tust. Oder wir glauben
gar nicht erst, dass wir überhaupt was sehen würden,
wenn wir nach dir Ausschau halten. Bitte hilf uns, sensibler
zu werden und mehr in Jesu Lebensstil der Nähe und
Abhängigkeit von dir hineinzukommen. Bitte öffne unsere
Augen, dass wir sehen können wie Jesus sieht. Und mach
uns mutig, die Dinge dann auch umzusetzen. Amen!"

Es war Zeit, uns wieder auf den Rückweg zu machen. Auf dem
Hinweg waren wir auf den Ölberg hochgefahren, aber auf dem
Rückweg wollten wir zu Fuß runtergehen. Auf halber Strecke kam
uns auf dem recht steilen Weg eine Familie schweißgebadet ent-
gegen, die völlig fertig ihren Kinderwagen vor sich herschob. Ich
fragte mich, wieso sie sich das antaten und sich hier zu Fuß hoch
quälten anstatt hochzufahren. Selber schuld! Wir wussten schon,
warum wir nicht hochgelaufen waren, sondern lieber den Fußweg
abwärts gewählt hatten. Das war einfach weniger schweißtrei-
bend. Ich ging leichtfüßig an der keuchenden Familie vorbei und
genoss den Ausblick hinunter ins Tal.

In meinem Innern hörte ich plötzlich eine Stimme: „Helft
ihnen, den Kinderwagen hochzuschieben!" Ich ignorierte die
Stimme und ging weiter. Dann hörte ich es wieder: „Helft ihnen,
den Kinderwagen hochzuschieben!" Wo kam diese Stimme her?
Ihnen helfen, den Kinderwagen hochzuschieben? Ich drehte
mich um. Der Weg war echt steil und dann kam noch eine lange
Treppe. „Sie haben doch den halben Weg schon hinter sich. Und
wir sind auf dem Weg nach unten…" Ich hatte einfach keine
Lust, umzukehren und diesen steilen Weg wieder hochzulaufen,
den wir doch absichtlich auf dem Hinweg vermieden hatten, um
Kräfte zu sparen. Die innere Konversation ging weiter: „Habt ihr
nicht gerade gebetet, ihr wollt sehen, was der Vater tut und es

dann auch praktisch umsetzen? Ihr könntet hier jetzt gleich mal aktiv werden. Ich möchte dieser Familie nämlich gerne helfen. Und dazu brauche ich euch."

Ich fühlte mich total überführt. Ich wollte diesen inneren Impuls übergehen, weil mir seine Umsetzung zu anstrengend erschien. Aber Gott schien einen Plan zu haben, über den wir später noch staunen würden. Ich fragte unser Team, ob sie bereit wären, zu helfen und wieder umzudrehen. Alle waren einverstanden. Wir gingen der Familie schnell hinterher und boten unsere Hilfe an. Unsere zwei Männer, Dieter und Johannes, schoben den Kinderwagen sowie den Familienvater den Weg hinauf bis zur Treppe, und Helga schob die Mutter an. An der Treppe schnappten sich die Männer den Kinderwagen und ruckzuck waren wir oben und japsten glücklich gemeinsam nach Luft. Das Ehepaar war erstaunt und dankbar, dass wir uns so um sie bemüht hatten. Wir unterhielten uns ein bisschen. Es war ein deutsch-chilenisches Ehepaar. Die Mutter und ihr kleines Kind hatten vor vier Wochen einen Unfall gehabt, an deren Folgen die Mutter noch immer mit starken Nackenproblemen litt. Sie waren auch Christen, aber derzeit nicht so ganz eng mit dem Herrn unterwegs. Ich dachte: „Herr, du wolltest ihnen helfen. Dann können wir doch auch gleich noch für die Mutter beten, dass sie Heilung empfängt."

Wie genial war das denn! Wir boten ihnen Gebet an, was sie sehr gerne annahmen. Während wir beteten, sagte Dieter zu dem Ehemann: „Du hast eine wunderschöne Frau!" Im Nachhinein erzählte Dieter uns, dass er sich schon gefragt hatte, ob er diesen Eindruck als Mann wirklich weitergeben sollte. Aber er entschloss sich, es einfach zu tun. Die Frau antwortete postwendend: „Danke, aber wir haben totale Eheprobleme. Könnt ihr bitte auch für unsere Ehe beten?" Sie hielten ihre Hände mit den Ringen nach oben direkt auf Dieter gerichtet. Er segnete ihre Ehe mit ganzer Hingabe. Was sie nicht wussten war, dass Dieter und Helga als

Ehepaar zu Hause Eheseminare abhielten. Instinktiv hatten sie ihm ihre Hände hingehalten und Dieter war in seinem Element, als er sie segnen durfte. Das fremde Ehepaar war tief berührt, bedankte sich mehrmals und zog dann seines Weges.

Wir schauten uns staunend an. Das war ja gewaltig. Eben hatten wir noch auf dem Ölberg gebetet, „Vater lass uns sehen, was du tust. Wir wollen erleben, wie du auch in unserem Alltag immer präsenter wirst", und schon hatte er das erste Abenteuer für uns. Und fast wären wir daran vorbeigelaufen, weil ich keine „Lust" hatte, den Berg wieder hochzulaufen. Waren die anderen doch selbst schuld an ihrer Lage. Und weil es bedeutete, unsere Pläne, jetzt entspannt nach unten ins Tal zu gehen, erstmal aufzuschieben. Ich hatte gleich viele Ausreden parat, um nicht auf diesen Gedanken reagieren zu brauchen. Ich war so froh, dass Gott drangeblieben war mit seinem Anliegen, bis ich schließlich bereit war, seinen Impuls aufzunehmen und ans Team weiterzugeben.

Letztendlich sind wir alle durch diesen Einsatz riesig gesegnet worden und haben wirklich erkannt, dass es bei Gott vorbereitete Werke gibt, zu denen er uns berufen hat. Wir haben gebetet. Er hat gehandelt. Er schickte uns dieses erschöpfte Ehepaar über den Weg, was nicht mehr so ganz nahe am Herzen Gottes unterwegs war. Die beiden brauchten nicht nur Hilfe, um den Berg hochzukommen, sondern auch Gebet für körperliche Heilung und einen Segen für die Ehe. „Zufällig" hatten wir ein Ehepaar dabei, dessen Vorliebe es war, mit Paaren zu arbeiten und Ehen zu segnen. Gott wollte sich dieser Familie offenbaren und ihnen zeigen, wie sehr er sie liebte, für sie da war und ihnen nachging, auch wenn sie gerade auf „eigenen" Wegen unterwegs waren. Sie erzählten uns noch, dass sie eigentlich hier in Jerusalem seien, weil sie Suchende waren. Wer sucht, der findet. Wer bittet, dem wird gegeben werden. So hatte Gott für uns alle einen dicken Segen vorbereitet.

Seitdem bete ich immer öfter:

....

„Herr, öffne mir die Augen. Lass mich sehen, was du tust!
Und mach mich sensibel, auf deine Stimme zu hören
und zu einem Segenskanal für andere zu werden! Auch
wenn es gerade meine eigenen Pläne vielleicht kurzfristig
durchkreuzt! Lass mich Abenteuer mit dir erleben!"

....

Gott möchte immer Menschen um uns herum erreichen. Sind wir bereit, ein Kanal seiner Liebe zu sein?

4

Der Meniskus

Es war Sonntagmorgen. Die wie immer spannende Predigt unseres Pastors neigte sich langsam dem Ende zu. Er stellte noch eine abschließende Frage: „Gibt es heute Morgen jemanden hier, der Heilung braucht und gerne noch Gebet empfangen möchte? Dann steh doch bitte kurz auf! Und ihr, die ihr kein Gebet braucht, geht bitte auf diese Geschwister zu und betet für sie." Ich dachte: „Danke, Herr, dass ich nicht aufstehen brauche, sondern dass es mir so richtig gut geht, und ich gesund bin." Dann schloss ich mich einer Gruppe von Betern an. Nachdem ich mich danach noch eine ganze Weile mit verschiedenen Geschwistern unterhalten hatte, machte ich mich auf den Heimweg.

Irgendwann am Nachmittag setzte ich mich dann mit Laptop in meinen schönen gemütlichen Sessel und los ging es. Ich wollte noch ein paar Dinge abarbeiten und mich dann nach einem langen, schönen und erfüllten Tag müde, aber glücklich ins Bett fallen lassen. Aber daraus wurde nichts. Plötzlich änderte sich alles. Einfach aus dem Nichts heraus.

Während ich am Laptop arbeitete, stand ich zwischendurch immer mal wieder auf, um in die Küche oder ins Bad zu gehen. Als ich das zum wiederholten Male tun wollte, schoss mir plötzlich beim Aufstehen so ein krasser Schmerz ins Knie, dass mir fast die Luft wegblieb. Es fühlte sich an, als hätte ich 1000 Glassplitter im Knie. Ich konnte nicht mehr Auftreten. Was war das? Wo kam das her? Es ging mir doch die ganze Zeit super gut. Ich war immer wieder aufgestanden, hatte mich nicht vertreten oder sonst eine falsche Bewegung gemacht. Ich war einfach nur aufgestanden wie die ganzen anderen Male zuvor auch. Aber auf einmal konnte ich mein Bein nicht mehr belasten. Am Morgen war ich noch topfit. Und jetzt?

Zwei Tage lang konnte ich nur noch einbeinig durch die Wohnung hüpfen. Ich wollte unbedingt einen Arzt aufsuchen und herausfinden, was los war. Denn in wenigen Tagen würde Linda Silverman, eine Gastsprecherin aus den USA, zusammen mit ihrem Team in unsere Gemeinde kommen, um ein Seminar zu halten. Ich war für die Organisation verantwortlich und würde sie auch während der Tage übersetzen. Mein jetziger Zustand war da nicht hilfreich. Während ich überlegte, wieso ich plötzlich von „null auf hundert" solche Probleme hatte, erinnerte ich mich an eine frühere, durch einen Skiunfall verursachte, Kreuzbandverletzung. Die Wiederherstellung des Knies und vor allem seine Stabilisierung hatten einige Zeit in Anspruch genommen. Zum Glück hatte ich keine OP gebraucht. Allerdings sagte der Arzt damals, ich solle darauf achten, genügend Sport zu treiben, da die Muskeln jetzt das Knie stabilisieren müssten, um Abnutzungserscheinungen zu vermeiden. Anfangs bemühte ich mich noch, alles einzuhalten, aber mit der Zeit ließ der Eifer etwas nach. Außerdem hatte ich ja noch mehr zu tun, als ständig zum Sport zu rennen.

Jetzt kamen die Anklagen in meinen Gedanken hoch: „Siehst du, hättest du mal auf den Arzt gehört und regelmäßig Sport getrieben. Das hast du nun davon. Der Arzt hatte dir das ja schon vorausgesagt. Jetzt hast du die Quittung für deine Nachlässigkeit." So ging das gedanklich noch eine Weile weiter. Ich überlegte, was ich für die nächsten Wochen und Monate jetzt alles an Terminen absagen müsste und sah mich im Geiste schon auf dem OP-Tisch liegen und viele Wochen ausfallen. – Wenn es denn jemals wieder besser werden würde.

Kennst du solche Momente? Irgendetwas passiert, vor allem gesundheitlich, und schon läuft vor dem inneren Auge ein Film über alle möglichen negativen Entwicklungen ab. Je nach Krankheit bieten uns die Gedanken dann vielleicht sogar auch Erinnerungen an verschiedene Todesfälle in unserem Umfeld an, und wie es die Person XY mit genau unseren Symptomen nicht geschafft hatte. Und wenn es ganz schlimm kommt, fängt man vielleicht sogar schon an, die eigene Beerdigung durchzudenken, wie ich von Betroffenen erfahren habe.

Ich schaute mir also diesen inneren „Kinofilm" eine Weile an, bis ich innehielt und diesem Szenario Einhalt gebot. Egal, was vielleicht die Ursache war und was ich vielleicht falsch gemacht hatte, es war trotzdem total irreal, dass ich von einer Sekunde auf die andere solche Probleme bekam. Und außerdem war Gott auf meiner Seite und es würde sich bestimmt eine Lösung finden.

Per Internet entdeckte ich einen Knie-Spezialisten, dessen Praxis halbwegs in meiner Nähe war und fand jemanden, der mich hinfuhr. Da ich ein akutes Problem hatte, kam ich gleich dran. Der Arzt schaute mein Knie an, drückte einmal richtig zu, wie Orthopäden das zu tun pflegen, und ich hing vor Schmerz fast unter der Decke. Er schaute mich an: „Die Diagnose ist eindeutig: Das ist der Meniskus." Er bräuchte jetzt nur noch ein MRT zur genaueren Feststellung des Schadens, um dann zu entscheiden, wie weiter zu verfahren sei. Ich war geschockt und sagte ihm, dass ich in acht Tagen für ein langes Wochenende dolmetschen müsste, und was überhaupt alles die nächsten Tage auf dem Plan stand. Normalerweise dauert es recht lange, manchmal Monate, bis man irgendwo einen MRT-Termin bekommt. Glücklicherweise bot der Arzt an, mir einen über die Praxis zu besorgen. Das war wirklich hilfreich.

Schon am nächsten Tag hatte ich in einem Krankenhaus in Berlin-Mitte einen Termin. Ich machte mich mit Krücken mühsam auf den Weg dorthin. Vor Ort ging dann alles sehr schnell. Kurze Zeit später bekam ich die Aufnahmen und wurde wieder beim Arzt vorstellig. Als ich im Wartezimmer aufgerufen wurde, bewegte ich mich vorsichtig mit Hilfe der Krücken in den Behandlungsraum. Ich konnte das Bein noch immer kaum belasten. Der Arzt begrüßte mich freundlich und schaute sich intensiv und nachdenklich die MRT-Aufnahmen an. Dann sagte er erstmal nichts mehr. Er schaute die Bilder an, schaute mich an und dann wieder auf die Bilder.

„Sie haben schon das richtige Knie in die Röhre gelegt, oder?" „Natürlich! Ich hoffe doch, ich weiß, welches Bein ich nicht belasten kann." Das hörte sich ja interessant an. Mein Herz schlug schneller. Sein Erstaunen fühlte sich irgendwie gut an. Hoffnung flammte in mir auf. Dann sagte er: „Für Sie sind die Bilder gut. Für mich eine Herausforderung. Schauen Sie hier!" Er erklärte mir alles Mögliche auf den Bildern. „Also hier sieht man sehr deutlich, dass Ihr Knie total in Ordnung ist. Altersgemäß ein paar Abnutzungen. Aber das ist alles in Ordnung. Sie haben überhaupt nichts. Es ist alles in Ordnung. Also für Sie ist das eine sehr gute Nachricht. Freuen Sie sich drüber. Aber für mich? Ich bin der Kniespezialist und ich weiß, was ich ertastet hatte. Das war ein eindeutiger Meniskusschaden! Ich bin ein Fachmann auf diesem Gebiet."

Ich schaute ihn an, innerlich jubelnd. Das hörte sich sehr danach an, als hätte Gott hier ein Wunder getan. Aber ich hatte ein Problem: Die Bilder und die sich daraus für mich ergebende Diagnose waren super. Ich hatte nichts. Alles in Ordnung. Aber ich konnte noch immer nicht wirklich auftreten und das Bein belasten. Also fragte ich den Arzt: „Und was mache ich jetzt? Wie geht das weiter? Ich kann doch immer noch nicht richtig auftreten und habe starke Schmerzen!" Er gab mir eine erstaunliche Antwort: „Wissen Sie was? Gehen Sie einfach nach Hause und werden Sie freudig alt." Ich war sprachlos. Aha, einfach nach Hause gehen und freudig alt werden. Klar! Was auch sonst! „Okay, dann werde ich das jetzt genau so machen!" Ich dankte ihm für alles und verabschiedete mich auf meinen Krücken langsam aus der Praxis humpelnd. Eines Tages, wenn ich diesen Arzt vielleicht mal wiedersehe, werde ich ihn fragen, ob er Christ ist. So eine Antwort kann man doch sonst nicht geben.

Am nächsten Tag wollten wir zum Sightseeing mit Linda und ihrem Team per Bahn in die Stadt fahren. Das würde ich nie schaffen, mit der Bahn in die Stadt. Also entschlossen wir uns, mit dem Auto ins Zentrum zu fahren, dort zu parken und im Umfeld des Autos unterwegs zu sein. Falls ich plötzlich nicht mehr stehen oder mich fortbewegen konnte, würde ich mich ins Auto setzen und auf die anderen warten.

Einige fragten mich schon ganz besorgt, wer denn jetzt an meiner Stelle das Seminar übersetzen würde, das übermorgen beginnen sollte. Aber ich war fest entschlossen, diesem Spuk im Knie nicht nachzugeben und das Feld unter keinen Umständen zu räumen. „Ihr braucht euch keine Sorgen zu machen. Ich werde wie geplant selber übersetzen. Und wenn ich es im Sitzen tue. Das ist meine Aufgabe und ich werde das durchziehen, egal ob stehend oder sitzend!"

Zwei Tage später startete unser Seminar. Meinem Knie ging es noch immer nicht berauschend, und ohne Krücken ging eigentlich gar nichts. Dennoch humpelte ich ohne sie nach vorn zum Mikrofon. Na, das konnte ja heiter werden. Aber just in dem Moment, als ich das Mikrofon in die Hand nahm, war der ganze Spuk vorbei und mein Knie war wieder 100 Prozent belastbar. Das war der absolute Hammer, einfach obergenial! Innerhalb von Sekunden!

Mir ist wieder einmal bewusst geworden, dass wir in einer natürlichen Welt leben, in der aber ebenso übernatürliche Dinge ablaufen. Störmanöver von der „anderen" Seite sollen uns daran hindern, in dem zu wandeln, was Gott für uns vorbereitet hat: in unserer Berufung und einem Leben im Überfluss! Jesus ist gekommen, uns Leben zu geben, Leben im Überfluss. Und der Teufel ist gekommen, um zu rauben, zu morden und zu stehlen, wie wir in Johannes 10, Vers 10 lesen können. Er versucht immer wieder, Krankheiten oder andere negative Dinge bei uns abzuladen und uns dann einzureden, dass wir selbst dran schuld seien, oder sie vielleicht geerbt haben, oder dass sie einfach zum Lauf der Dinge dieser Welt gehörten…

Aber Jesus ist gekommen, uns Leben im Überfluss zu geben. Durch seine Wunden *wurden* wir geheilt (siehe Jesaja 53,4–5; 1. Petrus 2,24). Heilung gehört uns! Er hat sie für uns am Kreuz von Golgatha mit seinem Leben erkauft! Heilung ist unser verheißenes Land, und die Riesen, die Krankheiten, müssen ihre Sachen packen und verschwinden.

So möchte ich dich ermutigen, womit auch immer du dich gerade herumplagst:

Akzeptiere keine gesundheitlichen Attacken. Arrangiere dich nicht mit Krankheit und Beraubung. Wir haben einen wunderbaren Gott. Er ist unser himmlischer Vater, unser Erretter und Arzt und lebt sogar durch seinen Heiligen Geist in uns.

Schau auf den Anfänger und Vollender deines Glaubens, grab dich in sein Wort hinein und studiere Heilungsschriftstellen. Hol dir Gebetsunterstützung, und gib dich mit nichts weniger als Heilung und Wiederherstellung zufrieden. Der, der in dir lebt, ist stärker als der, der in der Welt lebt.

Du und Gott, ihr seid zusammen ein unschlagbares Team! Und der Teufel ist ein Lügner!

5

Die „klebrige" Sehnenscheidenentzündung

E inige Jahre später erlebte ich eine weitere krasse gesundheitliche Herausforderung. Ich hatte schon einige Nächte hinter mir, in denen ich immer wieder vor Schmerzen in der rechten Hand aufwachte. Anfangs dachte ich, ich hätte vielleicht einfach nur draufgelegen, aber die Schmerzen wurden immer schlimmer. Als auch nach intensivem Gebet keine Besserung eintrat, ging ich schließlich zum Arzt, um untersuchen zu lassen, was eigentlich los war. Eine klare Diagnose: Sehnenscheidenentzündung! Ich bekam eine Spritze, einen Zinkleimverband, der die Entzündung rausziehen sollte, ein paar Schmerztabletten und die Auflage, meiner Hand unbedingt Ruhe zu gönnen, und dann würde es schon wieder werden.

Hm, das mit der Ruhe war so eine Sache. Zum einen war mein Schreibtisch voller Arbeit („Homeoffice"), und zum anderen wollte ich vor dieser Sehnenscheidenentzündung nicht so einfach klein beigeben und nur untätig rumsitzen und abwarten, bis sie dann hoffentlich nach zwei bis drei Wochen wieder weg sein würde. Also beschloss ich, unter begleitendem Gebet, soweit es ging, einfach weiterzuarbeiten. Zudem war ich im Frühjahr umgezogen, und die halbe Wohnung stand noch voller Kisten, da ich aufgrund meiner Reisetätigkeit noch nicht richtig zum Auspacken gekommen war.

Aber schon bald stellte ich fest, dass meine Hand das nicht lustig fand und die Schmerzen stärker wurden. Ich dachte, ich bräuchte jetzt einen echten Durchbruch und einfach Besserung. „Gott, du hast doch gesagt, durch Jesu Wunden wurden wir geheilt." So nahm ich mir viel Zeit, mich noch intensiver mit dem Wort

Gottes zu befassen und Bibelstellen zum Thema Heilung zu studieren. Eigentlich kannte ich diese Stellen schon alle ziemlich gut aus vergangenen gesundheitlichen Herausforderungen, aber das „Kennen" der Bibelstellen reichte offensichtlich noch nicht aus. Es fehlte noch die „Herzensoffenbarung", wirklich davon überzeugt zu sein, dass, wenn Gott sagt, dass ich geheilt bin, es jetzt auch in *dieser* Situation so ist und die Heilung durchbricht.

Ich überlegte, wieso es überhaupt zum Überstrapazieren der Hand gekommen war. Ich hatte kurz zuvor in Kolumbien eine Gemeinde besucht, die mich spontan gebeten hatte, innerhalb der nächsten fünf Tage in acht unterschiedlichen Veranstaltungen über das „Vaterherz Gottes" zu sprechen. Ich hatte meinen Laptop, auf dem ich verschiedene Gedanken zu diesem Thema gespeichert hatte, nicht dabei und sprach auch nicht täglich in Veranstaltungen über dieses Thema, so dass ich einfach mal auf die Schnelle so viele Botschaften parat gehabt hätte – schon gar nicht auf Spanisch. So fing ich an, in den Nächten vor den Veranstaltungen und auch in den Pausen zwischendurch in meiner Unterkunft diverse handschriftliche Skripte zu erstellen. Da ich aber keinen Tisch hatte, war das ziemlich herausfordernd. Ich legte deshalb den Schreibblock auf den Schoß und los ging's. Aber weil ich gar nicht mehr gewohnt war, so lange, so intensiv und in so einer Haltung seitenweise zu schreiben, bekam ich dann später anscheinend die „Quittung": eine Sehnenscheidenentzündung.

Als ich mir das noch mal verdeutlichte, wurde ich – muss ich gestehen – erstmal etwas „grummelig" Gott gegenüber. Ich dachte, das geht ja gar nicht. „Vater, du hast gesagt, ich solle diese Herausforderung annehmen und dort sprechen. Und nur deshalb habe ich dann seitenweise und tagelang geschrieben und die Hand so strapaziert. Und die „Belohnung" dafür ist, dass ich jetzt diese Entzündung habe? Das ist ungerecht! Warum lässt du das zu? Hättest du mir nicht früher sagen können, dass die Gemeinde mich bitten würde, zu diesem Thema zu sprechen? Dann wäre das alles nicht passiert." So, jetzt hatte ich mir erstmal Luft gemacht und meinen Frust rausgelassen. Und ich hatte einen Schuldigen gefunden.

Geht dir das auch manchmal so? Man möchte oft erstmal einen „Schuldigen" finden. – Nur gut, dass Gott unser Herz sieht und nicht verletzt ist, wenn wir mal die richtige Sichtweise und Bewertung von Situationen aus den Augen verlieren. Ich hörte eine leise Stimme in meinem Innern: „Wenn ich dir das drei Monate früher gesagt hätte, hättest du dich drei Monate lang gestresst, um dich auch wirklich ‚richtig gut' vorzubereiten. Und diesen Stress wollte ich dir ersparen!"

Ich war sprachlos. Gott hatte völlig recht. Gut, dass mein himmlischer Vater mich durch und durch kennt und immer nur mein Bestes will. Ich gab zu, dass ich in der Tat im Nachhinein dankbar war, dass er mir diesen Einsatz verschwiegen hatte. Sonst hätte ich eventuell sogar noch eine Ausrede gefunden, um mich dieser Herausforderung nicht stellen zu müssen und hätte die Gemeinde womöglich gar nicht erst besucht.

Ich fasste nochmal zusammen: Die Schmerzen in der Hand waren zum einen eine *natürliche* Konsequenz einer *natürlichen* Handlung, nämlich: handschriftlich zu viel geschrieben zu haben. Und zum anderen waren sie die Folge meines Gehorsamsschrittes Gott gegenüber, die Einladung zu diesem Dienst in der Gemeinde angenommen zu haben, was dann zum vielen Schreiben geführt hatte. Somit gab es auch einen übernatürlichen Anteil in dieser ganzen Geschichte, weshalb ich mich entschloss, jetzt unbedingt auch eine übernatürliche Heilung zu erwarten.

Mittlerweile waren schon einige Wochen vergangen, aber die Hand wurde nicht besser. Inzwischen trug ich eine Orthese, um die Hand vor unüberlegten Bewegungen zu schützen. In ein paar Tagen würde ich nach Essen fahren, da ich mich zu einer Konferenz mit Randy Clark angemeldet hatte. Ich hatte für ihn vor nicht allzu langer Zeit bei uns in der Gemeinde übersetzt, da er der Gastsprecher unserer Heilungskonferenz war und hatte Gottes Heilungskraft deshalb aus nächster Nähe erlebt.

Ich war fest entschlossen, meine Heilung jetzt zu empfangen und mit einem Heilungszeugnis in der Tasche nach Berlin zurückzufahren. Randy bekam während der Veranstaltung immer wieder Worte der Erkenntnis bezüglich vorhandener Krankheiten, die Gott heilen wollte. Diese sprach er dann aus und bat die betroffenen Personen um ein Handzeichen. Und, wie genial, plötzlich schilderte er im Detail die Situation mit meiner Hand und fragte, wer die Person sei, die das betraf. Ich meldete mich sofort und schaute mich um, ob es noch andere Leute gab, die sich meldeten. Aber soweit ich es sehen konnte, war ich die Einzige. „Danke, Gott, das ist für mich!"

Mein Herz schlug höher und ich nahm mir vor, die Heilung jetzt im Glauben zu empfangen und dann wäre dieser ganze Spuk endlich vorbei. Zusammen mit den anderen, die auch Worte zu ihren Krankheitssituationen bekommen hatten, sollten wir dann eine Bewegung machen, die wir vorher nicht tun konnten. Obwohl die Schmerzen noch da waren, machte ich alle möglichen Bewegungen und sagte immer wieder zu meiner Hand: „Du bist geheilt, in *Jesu Namen*!" Ich war nicht bereit, einen Schritt in meiner Entschlossenheit, die Konferenz geheilt zu verlassen, zurückzuweichen. Bis zum letzten Tag der Konferenz war ich voll auf Heilung programmiert und erwartete spätestens auf der Rückfahrt nach Berlin den Durchbruch. Aber anstatt der erwarteten Besserung, wurde es immer schlimmer.

Langsam machten sich Enttäuschung und Frust in mir breit. Es waren schon so viele Wochen vergangen und die Schmerzen wurden einfach nicht weniger. In Gedanken wurden meine Zukunftsaussichten immer düsterer. Wenn ich nicht mehr schreiben und kein Mikrofon mehr beim Übersetzen halten könnte, müsste ich mir einen anderen Job suchen. Hoffnungslosigkeit versuchte sich einzuschleichen und mich zu übernehmen. Warum wurde ich nicht geheilt? Was war hier los?

Inzwischen stand meine Abreise nach Südamerika kurz bevor. Wir waren als Team eingeladen worden, in mehreren Gemeinden auf verschiedenen Veranstaltungen und Seminaren über das „Vaterherz Gottes" zu sprechen. Freunde rieten mir, doch vorher noch einmal zum Arzt zu gehen und zu schauen, ob es nicht doch noch eine wirksame Behandlungsmöglichkeit gab. Also machte ich mich zwei Tage vor Abflug erneut auf den Weg in die Praxis. Der Arzt war sehr erstaunt, dass sich meine Hand überhaupt noch nicht gebessert hatte. Das sei ein sehr ungewöhnlicher Verlauf. Nach langem Überlegen sagte er dann, dass, falls nicht bald eine wesentliche Besserung einsetze, es eigentlich nur noch eine Möglichkeit gäbe, mich von den Schmerzen zu befreien, nämlich die betroffenen Nerven zu durchtrennen. Er wolle das aber nur als allerletztes tun und es am liebsten vermeiden.

Die Nerven durchtrennen? Nie im Leben! Das war ja überhaupt keine Option für mich. Ich brauchte meine Hand, meine Finger fürs Schreiben! Wie sollte das gehen mit durchtrennten Nerven? Ich sollte mich nach der Reise, wenn es immer noch nicht besser wäre, wieder melden. Völlig geschockt ging ich nach Hause. Die Nerven durchtrennen! Ich konsultierte erstmal „Dr. Google". Aber das hätte ich mir sparen können. Viel Ermutigendes fand ich dort nicht.

Während der zwei Wochen in Argentinien wurde es immer schlimmer. Als ich wieder zu Hause war, konnte ich kaum mehr einen Löffel in der Hand halten oder irgendetwas mit der Hand machen. Was sollte ich nur tun? Bei meinem behandelnden Arzt drohte mir der „Nervencut", was ich ja auf keinen Fall wollte. Ich dachte, vielleicht finde ich ja übers Internet einen Handchirurgen, dessen Spezialgebiet Sehnenscheidenentzündungen sind und der vielleicht noch eine andere Idee hat. Ich fand eine Praxis bei mir in der Nähe mit sogar drei Handchirurgen. Sehr gut! Einer von ihnen hat bestimmt eine gute Idee. Morgen rufe ich dort an.

Am nächsten Tag saß ich in meiner morgendlichen Zeit mit Gott in meinem Sessel und schaute hinaus in die Wolken. Ich wusste einfach nicht, welchen nächsten Schritt ich gehen sollte: Wieder zurück zu meinem behandelnden Arzt auf die Gefahr hin, dass er Nerven durchtrennen würde, oder mir bei der „Hand-Chirurgen-Praxis" einen Termin holen? „Gott, ich brauche deinen Rat. Was sagst *du* denn zu dem Ganzen?"

Ich stellte mir vor, wie ich einmal mehr zu „Dr. Jesus" in die Praxis ging. Ich war gedanklich schon zweimal in den letzten Wochen dort gewesen. Das Gute daran ist, dass er rund um die Uhr geöffnet hat und es bei ihm keine Wartezeiten gibt. Man kommt immer gleich dran und er nimmt sich immer Zeit für einen.

„Jesus, ich brauche eine zweite Meinung. So und so sieht es aus. Diese beiden Möglichkeiten habe ich. Was soll ich denn jetzt machen?" Ich hatte meine schmerzende Hand in seine gelegt. Er legte seine andere Hand auf meine Hand und schaute mir liebevoll und tief in die Augen.

„Du bist jetzt schon zum wiederholten Male hier mit deiner Hand. Und du kannst natürlich so oft wiederkommen wie du möchtest. Aber meine Diagnose hat sich nicht geändert: Durch *meine* Wunden *wurdest* du geheilt, damals, vor 2000 Jahren am Kreuz von Golgatha. Von meiner Seite her habe ich schon alles vollbracht. Ich kann dem nichts mehr hinzufügen. Die Heilung gehört dir! Ich bin nicht nur für deine Errettung, sondern auch für deine Heilung ans Kreuz gegangen!" Während er mich anschaute und diese Worte zu mir sprach, wusste ich plötzlich tief in meinem Herzen:

Was Jesus sagt, ist die Wahrheit. Jesus lügt nicht. Wenn er das sagt, dann ist das so (siehe Jesaja 53,4–5)!

Ich schaute ihn an und dann auf meine beiden Hände. Aber jetzt hatte ich „zwei Realitäten". Die sichtbare: Meine Hand schmerzte ohne Ende. Ich konnte fast nichts mehr mit ihr machen und wurde diese Entzündung einfach nicht los. Und dann gab es noch die unsichtbare: Ich war geheilt durch Jesu Wunden. Und wenn er das sagte, dann war das auch so!

„Jesus, wie bekomme ich denn diese beiden Realitäten zusammen, damit ich diese Heilung auch erlebe?"

Ich erinnerte mich an frühere Situationen, in denen ich Heilung erlebt hatte. Etwas war anders gewesen. Bei einem Bandscheibenvorfall (darüber schreibe ich in meinem Buch *Mit Gott an unserer Seite wird das Leben zum Abenteuer*) und den akuten Knieproblemen, die als ein Meniskusschaden diagnostiziert worden waren, hatte ich eine andere Radikalität in meinem Herzen erlebt, mit der ich gegen die Krankheit aufbegehrte. Aber diese Sehnenscheidenentzündung „klebte" richtig an mir und wollte sich nicht mehr abschütteln lassen.

Hoffnungslosigkeit hatte sich eingeschlichen. Ich wünschte mir geheilt zu werden, aber innerlich war mein Kampfgeist nicht wirklich entbrannt. Es war da eher dieser Wunsch: Es wäre doch schön, geheilt zu werden. Weißt du, was ich meine? In den früheren Krankheitssituationen fühlte ich mich eher wie ein Tiger, der seine Beute, die Heilung, einfordert, festhält und nicht mehr hergibt. Heilung gehörte mir und ich würde nicht eher aufhören sie zu begehren, als bis ich sie erlebte. Aber im Falle der Sehnenscheidenentzündung fehlte mir irgendwie diese Entschlossenheit, mich auf Biegen und Brechen nicht von diesem Ding unterkriegen zu lassen. Eigentlich hatte ich schon fast aufgegeben und hoffte nur noch, irgendwie möglichst passabel durchzukommen.

Aber als „Dr. Jesus" mir in seiner Praxis in die Augen schaute, veränderte sich etwas in meinem Innern. Die Begegnung mit ihm und seine Worte gaben mir neue Hoffnung. Wenn er sagte, dass ich geheilt war, musste ich nur noch rausfinden, wie ich diese Heilung ins Sichtbare bekommen würde. Ich bat ihn um geöffnete Augen des Herzens (siehe Epheser 1,17ff).

Da erinnerte mich der Heilige Geist an das Volk Israel und das verheißene Land. In 5. Mose 11,21–24 verspricht Gott, ihnen das Land zu geben. Das Volk musste aber aktiv werden und es in Besitz nehmen. Jeder Ort, auf den ihre Fußsohlen treten würden, würde ihnen gehören! Sie sandten zwölf Spione aus, das Land zu erkunden. Zehn kamen zurück, völlig frustriert, weil das Land voller Riesen und in ihren Augen unmöglich einzunehmen war. Sie hatten eher eine Heuschreckensicht in dem Ganzen, wie wir in 4. Mose 13, Vers 33 lesen können. Jedoch zwei kamen zurück, die das Gleiche gesehen, aber Gottes Worte im Ohr und im Herzen behalten hatten, dass er ihnen das Land geben würde. Und Gott wusste bestimmt, dass es voller Riesen war. Also beschlossen die zwei Spione, dass die Riesen zu ihrem Festmahl würden:

....

„... Fürchtet euch nicht vor dem Volk dieses Landes; denn wir werden sie verschlingen wie Brot." (4. Mose 14,9)

....

Gott zeigte mir die Parallele zu dieser Geschichte. Auch wir haben ein verheißenes Land: Geheilt durch Jesu Wunden vor 2000 Jahren! Und auch unser Land ist besetzt von Riesen. Und der

aktuelle Riese in meinem Land war die derzeitige Sehnenscheidenentzündung, die zäh an mir zu kleben schien und nicht weichen wollte.

Plötzlich fühlte ich mich wie David, der Goliath gegenüber-
stand. Der Riese verhöhnte David und genauso verhöhnte er mich.
Er baute sich vor mir auf und sagte: „Hier bin ich und hier bleibe
ich. Du hast in der Vergangenheit zwar schon einige Heilungen
erlebt, aber diesmal ist das anders. Du siehst ja, du bist schon seit
Wochen dran, aber ohne Erfolg. Besser du findest dich mit mir ab
und überlegst, wie es weitergehen könnte…"

Der Heilige Geist erinnerte mich an Davids Waffen in dieser
Auseinandersetzung:

....

Eine Schleuder, fünf glatte Steine aus dem Bach
und der Name des Herrn! (1. Samuel 17,40–50)

....

David hatte die gleiche Waffe, die auch wir haben: den *Namen des
Herrn*! Jesus hat uns Autorität gegeben über jede Macht des Fein-
des, und jedes Knie muss sich beugen vor dem *Namen Jesu*! Ich
hatte den Eindruck, dass Gott zu mir sagte: „Karin, ich habe dir
das Land schon längst gegeben, aber du musst die Riesen selber
rauswerfen – in *meinem Namen*!"

Wow, ich merkte, wie der Heilige Geist mich innerlich auf eine
Spur setzte. Als würde er mir Stück für Stück die Augen öffnen für
Dinge, die ich schon lange „wusste", die aber noch nicht zu einer
Herzensoffenbarung, zu einer „inneren Gewissheit" geworden
waren. Ich saß noch immer in meinem Sessel und blickte hinaus
in die Wolken. Es war, als würde ich in einen geöffneten Himmel
hineinschauen.

Ich erinnerte mich an die vielen Stellen im Alten Testament, wo Gott immer wieder betonte, wie wichtig es war, sich an die Wunder zu erinnern (siehe Psalm 96,3; Psalm 105 ...), die Gott unter seinem Volk getan hatte, und diese auch den Kindern und Kindeskindern zu erzählen, damit sie ebenfalls glauben konnten. Viele Male ließ Gott sein Volk einen Altar bauen zur Erinnerung an sein Einschreiten, an seine Wunder. Ich dachte über all die Situationen nach, wo Gott in der Vergangenheit auch in meinem Leben schon übernatürlich eingegriffen und ich vor allem Heilungen erlebt hatte.

Je mehr ich mir diese Dinge vor Augen führte, desto mehr wuchs in mir der Glaube, dass auch hier ein nächstes Wunder auf mich wartete. Und wieder betete ich:

....

„Herr, öffne mir die Augen, dass ich erkenne, was es
für mich in dieser Situation bedeutet, wenn du sagst:
Durch deine Wunden wurde ich geheilt! Ich brauche
unbedingt eine Herzensoffenbarung darüber!"

....

Ich brütete weiter:

....

Wenn Gott, der Schöpfer des Universums, durch seinen
Heiligen Geist in uns lebt und unser Körper sein Tempel ist
(1. Korinther 6,19), dann bin ich erfüllt mit der Kraft der
Auferstehung, mit der Kraft, die die Kranken heilt. Und
der, der in mir lebt, ist größer als der, der in der Welt ist
(1. Johannes 4,4). Er ist größer als Krankheiten, größer als

jeder Schmerz. Und überhaupt, Jesus hat alle Krankheiten auf
sich genommen am Kreuz. Durch seine Wunden wurden wir
geheilt! Jesus hat nicht alle Krankheiten mit Ausnahme von
Sehnenscheidenentzündungen getragen, sondern er hat auch
diese auf sich genommen, d. h. auch davon wurde ich geheilt!

....

Gedanklich wanderte ich weiter. Kaleb war mit 85 Jahren
(Josua 14,10) noch so fit wie mit 40! Das Volk Gottes wanderte 40
Jahre durch die Wüste. Die Kleidung war nicht verschlissen. Die
Füße nicht geschwollen. (5. Mose 8,4) – Wow! –

Und dann gibt es den einen, der gekommen ist, um zu stehlen, zu töten, zu verderben, den Teufel. Aber Jesus ist gekommen,
uns *und mir* Leben zu geben, Leben im Überfluss! Und wenn er
sagt, ich bin geheilt durch seine Wunden, dann bedeutet das auch:
geheilt von der Sehnenscheidenentzündung!

Noch immer aus dem Fenster schauend, war ich ganz erstaunt
und fasziniert darüber, wie der Heilige Geist mich durch diese
verschiedenen Geschichten und Wahrheiten der Bibel führte.
Ich spürte, dass der Herr dabei war, etwas ganz Tiefes in meinem
Herzen zu wirken.

Ich schaute auf die Uhr. Wie doch die Zeit vergangen war.
Ich beschloss, jetzt erstmal aufzustehen und den Abwasch in der
Küche hinter mich zu bringen, was eine sehr große Herausforderung bedeutete. Aufgrund der starken Schmerzen in der Hand,
und weil ich eigentlich auch kaum mehr etwas mit ihr halten
oder machen konnte, ich sie aber zum Abwaschen irgendwie
doch brauchte, graute es mir immer davor. Deshalb ließ ich den
Abwasch meist so lange stehen, bis sich ein riesiger Berg türmte.
Ich dachte, lieber einmal die Zähne zusammenbeißen und durch,
als immer wieder ein bisschen abzuwaschen und ständig diesen
extremen Schmerzen dabei ausgesetzt zu sein. Ich zog mir vor-

sichtig meine Abwaschhandschuhe an und kämpfte mich Stück für Stück unter höllischen Schmerzen durch den Geschirrberg. Als ich fertig war, zog ich ganz vorsichtig den rechten Handschuh aus.

Plötzlich merkte ich, dass ich kaum mehr Schmerzen in der Hand hatte und völlig problemlos kreisende Bewegungen machen konnte. Ich starrte auf meine Hand und dachte: „Das ist ja genial! Danke, Herr! Das ist der Hammer!" Ich kreiste meine Hand in alle Richtungen. Es klappte richtig gut! Ich konnte meine Hand auch schon beugen, aber noch nicht die Finger nach oben-hinten Richtung Oberarm ziehen. Diese Bewegung tat noch immer heftig weh und war zum Teil blockiert.

Deshalb schaute ich meine Hand kühn an und sagte: „Hand, innerhalb von 20 Minuten – so lange hatte der Abwasch gedauert – hast du dich 65 Prozent regeneriert! Ich befehle dir im *Namen Jesu*, dich 100 Prozent zu regenerieren! Nicht 95 Prozent, nicht 99 Prozent, sondern 100 Prozent!!!! Nicht 1 Prozent an Einschränkung bleibt übrig! Hast du mich verstanden?"

Am nächsten Tag war der ganze Spuk vorbei. Ich war begeistert! Aber so ganz kampflos wollte der Teufel das Feld dann doch nicht räumen. Ab und an wachte ich morgens wieder mit Schmerzen auf. Als es das erste Mal passierte, gleich am darauffolgenden Morgen, war mein Gedanke sofort: „Oh nein, ich dachte, die Entzündung und die Schmerzen seien weg gewesen. Und jetzt sind sie doch wieder da." Aber dann hielt ich inne und überlegte: „Moment mal, wieso sind sie eigentlich wieder da, wenn ich doch Heilung erlebt hatte? Das ist eine Lüge, dass das mit der Heilung doch nicht funktioniert hat. Ich bin geheilt durch Jesu Wunden und dabei bleibt es! Schmerzen, ihr verschwindet! Auf der Stelle!" – Und sofort räumten sie das Feld! Was für eine gewaltige Erfahrung! Ich war tief bewegt. Seitdem bete ich immer und immer wieder:

„Herr, öffne die Augen meines Herzens, damit ich erkenne,
was es heißt, dass du, der Schöpfer des Universums,
mein Vater bist und ich dein Kind. Hilf mir in aller Fülle
zu erkennen, was Jesus für mich am Kreuz getan hat
und was das für mein Leben hier auf Erden bedeutet.
Es darf nicht länger Kopfwissen bleiben, sondern
muss zu einer Herzensoffenbarung werden, damit
ich im ganzen Ausmaß erkenne, was es bedeutet, dass
Jesus am Kreuz gesagt hat: Es ist vollbracht!"

Das Gebet aus Epheser 1,17–2,10 ist mir so unendlich wichtig geworden. Jesus ist gekommen, uns Leben im Überfluss zu geben. Und er hat uns in *seinem Namen* Autorität über die Mächte der Finsternis und über Krankheiten gegeben. Und wenn er sagt, wir sind geheilt durch seine Wunden, dann hat er damit Fakten geschaffen und meint es auch so.

Vielleicht gehst du ja auch gerade durch gesundheitliche Kämpfe. Ich möchte dich ermutigen, Heilung zu begehren, dranzubleiben, ins Wort Gottes, die Bibel, zu gehen, wie ein Schatzsucher darin zu forschen und zu graben und Gott um eine tiefe Herzensoffenbarung zu bitten, bis du völlig davon überzeugt bist, dass die Krankheit weichen muss, weil Jesus uns zuspricht:

„Durch meine Wunden wurdet ihr geheilt!"

6

Volle Kanne aufs Steißbein

Vielleicht fragst du dich gerade, ob ich immer nur übernatürliche Heilungen erlebe? Nein, nicht immer, aber
immer öfter. Diesmal war der Verlauf etwas anders.
Ich hatte mir eine heftige Steißbeinverletzung zugezogen. Und
dann auch noch auf so eine blöde Art und Weise, dass ich mir
gleich erstmal für meine eigene Dummheit vergeben musste.
Kennst du solche Selbstgespräche: „Hätte ich doch dies und jenes
nicht gemacht. Hätte ich doch besser aufgepasst. Hätte, hätte
Fahrradkette…"

Ich war gerade bei Freunden zu Besuch und wollte meiner
Freundin eine geniale Sportübung vormachen. Leider hatte ich
dafür aber die völlig falschen Schuhe an und stand außerdem
auf einem für so ein Unterfangen total ungeeigneten Fußbo-
den. Als ich mit meiner coolen Springübung startete, ging es ein
paar Sekunden gut, und dann knickte ich um und flog im hohen
Bogen voll auf mein Steißbein. Würde es über einen Musikanten-
knochen verfügt haben, hätte jetzt ein Orchester seinen Einsatz
gehabt. Mir blieb die Luft weg. Ich rührte mich erstmal nicht, weil
ich nicht wusste, ob ich mich überhaupt noch bewegen konnte.
Dann versuchte ich langsam aufzustehen, was mir sogar gelang,
und dachte: „Ist ja nochmal gut gegangen." Aber kurze Zeit später
merkte ich, dass ich mich immer weniger bewegen und auch nicht
mehr sitzen, stehen oder liegen konnte. Ich hatte tagelang hölli-
sche Schmerzen.

Jetzt würde ich dir am liebsten berichten, wie ich auch in diesem
Falle wieder eine grandiose Heilung erlebt habe. Aber diesmal
leider nicht. Ich habe natürlich wie immer gebetet, geglaubt und

gehofft. Ich habe alles getan, was mir auch schon in früheren Situationen hilfreich gewesen war. Aber es veränderte sich nichts an meinem Zustand. Stattdessen machten mir die Folgen des Sturzes noch wochenlang zu schaffen, bis die Schmerzen dann langsam abebbten. Ich konnte nicht verstehen, warum ich keinen Durchbruch und keine übernatürliche Heilung erlebte. Ich hatte doch in früheren Krankheitsnöten schon so oft die heilende Kraft Gottes erfahren.

Diese ganze Sache warf viele Fragen in mir auf. Damit sie nicht an mir nagten und zur gedanklichen Dauerschleife würden, fügte ich sie meinem imaginären Fragenkatalog hinzu, auf dem all die Fragen stehen, die noch unbeantwortet sind. Diese möchte ich dann spätestens, wenn ich „nach Hause" in den Himmel gegangen bin, meinem himmlischen Vater vorlegen und mit ihm durchsprechen. Ich würde so gerne verstehen, warum Dinge manchmal so anders laufen, als sie gemäß Gottes Wort doch eigentlich hätten geschehen sollen.

Vielleicht denkst du jetzt, dass ich, wenn ich erstmal im Himmel bin, bestimmt keine Fragen mehr stellen werde. Das ist gut möglich. Aber es hilft mir, mit meinen „Hier-und-Jetzt-Fragen" umzugehen, die ich in verschiedenen Situationen meines Lebens manchmal habe. In Jesaja 53 lesen wir ganz klar:

....

„Durch seine Wunden sind wir geheilt worden."

....

Das ist die Vergangenheitsform: Wir *sind* geheilt *worden*. Und das Neue Testament zeigt uns, wozu Jesus gekommen war: Er ging umher und heilte alle, die zu ihm kamen (siehe Matthäus 9,35; 12,15; Apostelgeschichte 10,38 …). Er sagte immer wieder:

„Dein Glaube hat dich geheilt."

(Siehe Matthäus 9,22; Markus 5,34; 10,52; Lukas 8,48.)

Was würde Jesus tun, wenn er heute noch unter uns wäre und ich zu ihm kommen und ihn um Heilung bitten würde? Ich bin fest davon überzeugt, dass er mich genauso heilen würde, wie all die anderen, die damals zu ihm kamen. Warum kommt also die Heilung, die er für uns am Kreuz schon längst erworben hat, nicht bei uns an? Was hindert uns daran, sie empfangen zu können?

So strecke ich mich im Gebet immer wieder nach einer tiefen Herzensoffenbarung gemäß Epheser 1,17ff aus:

„Vater im Himmel, öffne mir und uns die Augen des Herzens durch deinen wunderbaren Heiligen Geist, dass wir sehen und in aller Fülle erkennen können, was du am Kreuz durch Jesus für uns erwirkt hast. Dass wir erkennen, wer durch den Heiligen Geist in uns lebt, nämlich der, der die Toten aufweckt und die Kranken heilt. Dass wir erkennen, dass du am Kreuz Tatsachen geschaffen hast, als du gesagt hast: ,Es ist vollbracht'. Du hast all unsere Krankheiten und Schmerzen getragen. Durch Jesu Wunden wurden wir geheilt.

Hilf mir, dass ich dranbleibe und mich nicht entmutigen lasse, auch wenn ich bislang nicht immer den Sieg erlebt habe. Dass ich mich in jeder neuen Krankheitssituation wieder neu aufmache und sie nicht hinnehme, sondern immer wieder dagegen aufstehe.

Gib mir und uns so eine tiefe Innenoffenbarung
über Heilung, dass wir total überzeugt davon
sind, dass sie uns gehört und wir sie ergreifen und
dann auch im Sichtbaren erleben können."

....

Egal, was gerade deine gesundheitliche Herausforderung ist, ich möchte dich ermutigen, nicht die Flinte ins Korn zu werfen, weil du bislang noch keine Heilung erlebt hast. Vergegenwärtige dir stattdessen, wie sehr Gott dich liebt und tauche ein in den Strom seiner Liebe. Er möchte, dass es dir gut geht und du an seinem Herzen zur Ruhe kommst.

Ich nehme mir immer wieder viel Zeit, um mir die Wahrheiten der Bibel über Heilung und das Werk, das Jesus am Kreuz durch seinen Tod vollendet hat, vor Augen zu halten. Und dann stelle ich mir vor, wie die Heilung auch in meinem Fall durchbricht. Jesus hat mit seinem Leben für unsere Heilung bezahlt.

Bleib entspannt dran, bis du den Durchbruch erlebst. Gott liebt dich. Gott ist für dich. Gott ist mit dir. Und Gott ist auch heute noch der Gott, der Wunder tut und dem nichts unmöglich ist. Egal wie unmöglich deine Situation vielleicht auch medizinisch gesehen ist, Gott ist der Herr, unser Arzt, und spricht uns zu: „Geheilt durch Jesu Wunden!"

Wenn wir dranbleiben und uns nicht entmutigen lassen, werden wir im Bereich Heilung immer mehr Durchbrüche erleben.

7

Erschütterungen auf allen Ebenen

Vielleicht kennst du das: Das Leben läuft ganz normal mit seinen kleinen Aufs und Abs vor sich hin, und plötzlich kommt es zu starken Erschütterungen in unserem Lebensumfeld. Alles, was uns bisher Stabilität gegeben hatte, scheint in Frage gestellt zu werden oder völlig wegzubrechen. Es fühlt sich an, als würde man sich inmitten eines Erdbebens befinden oder einen riesigen Tsunami auf sich zurollen sehen. Aber manchmal kommt es eben ganz anders im Leben als man denkt. Und scheinbar trifft dann alles Negative zusammen. So erging es mir jedenfalls Mitte der 1990er Jahre.

Wir steckten als Gemeinde, die damals auch mein Arbeitgeber war, in einer handfesten Krise mit ungewissem Ausgang. Zeitgleich wurde ein befreundeter Pastor aus Kolumbien, den ich noch wenige Monate zuvor für drei Wochen in Cali besucht hatte, auf offener Straße erschossen. Und dann wurde auch noch bei meinem 85-jährigen Vater Darmkrebs festgestellt. Ich war zutiefst erschüttert und verwirrt.

Zu diesem Zeitpunkt war ich erst acht Jahre gläubig, und es trat eigentlich alles ein, was ich nie für möglich gehalten hätte. Ich hatte immer gedacht, Gemeindekrisen treffen andere Gemeinden, aber nicht unsere. Wie konnte denn so etwas passieren? Und Julio Ruibal, ein Pastor, durch den der Herr in den 1980er Jahren vor allem in Bolivien und in den 1990ern dann in Cali, Kolumbien, sehr stark gewirkt hatte, wurde erschossen, als er gerade auf dem Weg zu einem Pastorentreffen war. Ich war völlig geschockt. „Gott, wie ist so etwas möglich? Warum hast du ihn denn nicht beschützt?" Und was meinen Vater betraf: Wieso hatte er plötzlich Krebs? Verliere ich jetzt auch noch meinen Vater? Ich hatte den Eindruck, mir wurde der Boden unter den Füßen weggezogen und ich falle ins Leere.

Es fühlte sich an, als hätte Gott diesen Planeten verlassen. „Gott, wo bist du? Warum lässt du das alles zu? Hast du mich, hast du uns verlassen?" Ich wusste nicht mehr aus noch ein. Ich wusste auch nicht mehr, ob mein Platz noch länger im Gemeindebüro war, wo ich als Sekretärin arbeitete, oder nicht. Sollte ich mir vielleicht doch einen säkularen Job suchen? Wir wollten doch mit dem Evangelium die Welt erreichen. So wäre doch ein Job in einer säkularen Firma viel effektiver und vernünftiger. Ich wusste auch nicht, mit wem ich über all diese Fragen, Ängste und inneren Spannungen hätte reden können.

Vielleicht kennst du solche Augenblicke auch? Wenn alles, was du geglaubt hast, erschüttert und in Frage gestellt wird. Wenn Dinge, die du nie für möglich gehalten hättest, plötzlich doch passieren. Und du dich in allem total alleine fühlst.

Und dann gibt es da auch noch den, der genau auf so eine Situation in unserem Leben wartet, um jetzt auf unserer Seele Klavier zu spielen und uns in eine fette Depression hineinzuziehen, nämlich den Gegenspieler Gottes, den Teufel. Er wartet auf schwierige Momente unseres Lebens, um sie für uns noch ein bisschen komplizierter zu gestalten und uns so richtig runterzuziehen. Und vor allem versucht er, die Gelegenheit zu nutzen, uns endlich davon zu überzeugen, dass Gott eben doch nicht der ist, für den wir ihn gehalten haben, sondern dass er uns letztendlich in der Krise alleine lässt. Und überhaupt, dass *er* doch eigentlich der Verursacher ist, denn er hätte ja auch alles verhindern können. Kommen dir solche Gedanken bekannt vor? Der Teufel möchte uns dann zusätzlich noch davon überzeugen, dass es *nur uns* gerade so schlecht geht und allen anderen um uns herum gut.

Das Gute ist: Wir sitzen alle im gleichen Boot. Wir geraten alle immer mal in Lebenskrisen, die sich zum Teil schleichend entwickeln oder plötzlich auftauchen. Sie sind mehr oder weniger heftig und platzen einzeln oder geballt in unser Leben. Sie passieren immer wieder und werden Teil unseres Lebens sein, solange wir auf diesem Planeten sind. Die Frage ist nur, wie wir auf sie reagieren.

In solchen Zeiten findet die größte Schlacht in unseren Gedanken statt. Welche Gedanken lassen wir zu? Welchen Gefühlen geben wir uns hin? Erlauben wir, dass Depression, Hoffnungslosigkeit und Selbstmitleid uns in den Schwitzkasten nehmen? Lassen wir uns von einer inneren Anklagestimme an die Wand nageln? Lassen wir uns einreden, dass Gott nicht an uns interessiert sei, uns nicht schützen würde, auf ihn kein Verlass sei? Zweifeln wir an Gott? Nein, wir dürfen uns solchen Gedanken nicht überlassen. Das sind entweder Angebote der Finsternis oder auch, wie David es in Psalm 77, Vers 11 (ELB) ausdrückt:

....

„Das ist mein Schmerz, dass sich die Rechte
des Höchsten geändert hat."

....

Der Schmerz hatte Davids Sicht verzerrt. In den ersten Versen des Psalms lesen wir, dass er sich inmitten einer Zeit der Drangsal befand, nicht mehr ein noch aus wusste und mit Gott haderte. Seine Seele weigerte sich, getröstet zu werden. Sein Geist verzagte. Er war voller Unruhe. Wo war Gottes Gunst? War er zornig geworden? War seine Gnade zu Ende gegangen? Er befand sich gedanken- und stimmungsmäßig in einer Bergabspirale und fragte sich sogar, ob Gott sein Volk verlassen hatte.

Manchmal geht es uns vielleicht genauso. Je länger und intensiver wir über bestimmte Dinge nachdenken, desto schneller und tiefer bewegen wir uns auf der Stimmungsspirale abwärts.

Aber dann kommt die Wende! David sagt sinnbildlich: „Halt, stopp! Was läuft hier gerade ab? Das ist mein Schmerz, mein Frust, meine gefühlte Hoffnungslosigkeit. Das sind die Lügen, denen ich geglaubt habe. Das ist meine menschliche Sicht in dem Ganzen und die Nachhilfe des Teufels, der mich gegen Gott aufhetzt, dass ich denke, dass er sich geändert hätte. Ich habe mich lange genug auf dieser Bergabspirale in die Tiefe ziehen lassen." David schwenkt gedanklich um:

....

„Ich will gedenken der Taten Jahs; ja, deiner Wunder von alters her will ich gedenken. Ich will nachdenken über all dein Tun, und über deine Taten will ich sinnen.

Gott! Dein Weg ist im Heiligtum. Wer ist ein so großer Gott wie unser Gott? Du bist der Gott, der Wunder tut, du hast deine Stärke kundgetan unter den Völkern." (Psalm 77,12–15; ELB)

....

Nachdem David eine Weile über diese wirklich schwierige Situation geklagt und lamentiert hatte, hielt er inne und überlegte, wieso er plötzlich darauf kam, dass Gott sich verändert hätte und das Zeitalter seiner Güte und Gnade nun vielleicht der Vergangenheit angehörte. Er realisierte, dass er sich vom Schmerz hatte hypnotisieren lassen. So wie es die Schlange im „Dschungelbuch" mit Mogli tat: „Schau mich an, schau mir in die Augen!" Und schon wusste Mogli nicht mehr, wer er war. So versuchen auch unsere Umstände und Probleme uns zu hypnotisieren, bis wir nur noch auf *sie* starren und ganz vergessen haben, wer Gott für uns ist.

Als David merkte, dass seine Gedanken nicht mit dem übereinstimmten, wie er und sein Volk Gott bislang erlebt hatten, stoppte er diese negative Gedankenflut und vergegenwärtigte sich intensiv, wer sein Gott eigentlich war.

....

„Wer ist ein so großer Gott wie unser Gott?" (Psalm 77,14)

....

Er dachte über all die Wunder nach, die Gott in der Vergangenheit bis hinein in die Generationen vor ihnen für sie getan hatte. Wie er *mit* seinem Volk war. Wie Gott absolut verlässlich war. Und je mehr er sich diesen Gedanken hingab, desto mehr veränderte sich seine Gemütsverfassung. Hoffnung und Glaube zogen wieder ein in sein Herz und vertrieben Zweifel und Infragestellung der Güte Gottes. Davids Herz wurde in der Krise gestärkt. Er konnte wieder voller Vertrauen auf Gott schauen, seine Hand ergreifen, aufstehen und die Krise siegreich hinter sich lassen. Er hatte einmal mehr den Riesen von Zweifel und Unglauben besiegt.

So ist es auch für uns in der Krise lebenswichtig, wenn wir zwischendrin mal durchhängen und unsere Seele jammert, dass wir unseren Fokus immer wieder neu auf Gott richten. Wenn wir vielleicht einen langen Fragenkatalog vor Gott ausbreiten, über das Wieso und Warum dieser Situation, müssen wir unbedingt wieder „die Kurve kriegen" und uns vergegenwärtigen, wie groß unser Gott ist und was er in der Vergangenheit schon alles für uns getan hat. Er hat uns schon so oft geholfen. Wir sind die Kinder vom Schöpfer des Universums. Wir dürfen ihn Abba-

Vater nennen. Er ist mit uns und nicht gegen uns. Auch wenn wir durchs Wasser gehen, werden wir nicht untergehen, wenn wir durchs Feuer gehen, werden wir nicht verbrennen (Jesaja 43,2). Auch wenn wir durch das Tal der Todesschatten gehen, fürchten wir kein Unheil, denn Gott ist mit uns. Er deckt uns im Angesicht unserer Feinde einen Tisch (Psalm 23). Seine Gnade hat sich nicht verändert. Zusammen mit ihm sind wir ein siegreiches Team.

Für mich bedeutete es damals in meiner Krise, mein Leben ganz neu in Gottes Hände zu legen, mich ihm ganz neu anzuvertrauen. Es bedeutete für mich, ihm alle meine Fragen, Ängste, Sorgen, Zweifel, alle meine Verunsicherung und Enttäuschung zu übergeben und zu vertrauen, dass er alles zu einem guten Ende bringen würde, auch wenn ich nicht alles verstand. Ebenso war es für mich wichtig, ganz neu von ihm zu hören, wo eigentlich mein Arbeitsplatz war, im Gemeindebüro oder woanders. Gott zeigte mir damals ganz klar: Mein Platz war im Gemeindebüro. Ab dem Augenblick fühlte ich mich dort wieder ganz zu Hause. Wenn wir wissen, dass wir am richtigen Platz sind, können wir viel entspannter durch aufziehende stürmische Zeiten gehen.

Deshalb möchte ich dich ermutigen, besonders in Zeiten von Krisen dein Herz vor Gott auszuschütten. Nimm dir Zeit, über all die guten Dinge nachzudenken, die du schon mit ihm erlebt hast. Denk nach über seine Güte und Gnade, über seine überfließende bedingungslose Liebe für dich. Er möchte mit dir zusammen durch diese Zeiten gehen, um dich siegreich an der anderen Seite des Tales herauszubringen. Bitte ihn, dein Herz vor Verletzungen zu bewahren, dass du in der Krise nicht bitter wirst, sondern ein weiches Herz behältst und vergebungsbereit bleibst.

Wenn wir in Krisen unseren Blick auf Jesus richten, unser Herz in seine Hand legen und auf ihn und seine Hilfe vertrauen, bringen sie uns näher an sein Herz. Wir können gestärkt aus ihnen hervorgehen und erleben, wie er letztendlich aus einem scheinbaren Minus ein Plus macht.

Falls du dich gerade in einer Gemeindekrise befindest, lauf nicht weg, sondern leg dein Herz in Gottes Hände und bring ihm die Situation im Gebet. Der einzige, der sich über eine Gemeindekrise freut, ist der Teufel, dem es dann wieder zu gelingen scheint, eine Gemeinde zu entzweien. Lassen wir uns nicht entzweien, sondern um Gottes Eingreifen und die Bewahrung aller beteiligten Herzen bitten.

Rückblickend kann ich sagen, dass Krisen mich immer näher an sein Herz geführt und innerlich stärker gemacht haben. Letztendlich sind sie zu einem Segen geworden. Denn Gott ist mit uns und wir gehen nicht alleine durch die Stürme des Lebens. Er hat einen Weg, eine Lösung und lässt uns nicht allein.

8

Perspektivwechsel

H ast du auch schon mal gedacht: „Ich bin einfach zu k.o., um so weitermachen zu können wie bisher?" Falls ja, lass dich mit hineinnehmen in eine geniale Begegnung mit Gott, die ich vor einiger Zeit in einer großen Krise hatte, und in der sich alles innerhalb von zwei Stunden radikal veränderte.

Was war passiert? Es war die Zeit des Jahreswechsels. Ich blickte auf die verschiedenen Termine und Events, die für die kommenden Monate anstanden und dachte: „Hilfe, all diese Termine! Okay, bis zu der Konferenz Ende Mai ziehe ich noch alles durch. Aber dann brauche ich erstmal drei Monate, um mich zu regenerieren. Ich habe keine Kraft mehr." Das Problem ist nur, dass man sich nicht einfach mal drei Monate aus dem Leben ausklinken kann. Ich schaute auf das vergangene Jahr zurück, das mich in vielen Bereichen extrem an meine Grenzen gebracht und das ich gefühlt auch noch gar nicht verarbeitet hatte. So war mein Fokus auf Ende Mai gerichtet. Danach wollte ich irgendwie erstmal auftanken und zur Ruhe kommen.

Ende Mai kam und damit die Konferenz, auf der ich noch eine Sprecherin war. Als sie zu Ende ging, atmete ich auf und freute mich auf das lange Wochenende bei meinen Freunden, die ich jetzt besuchen würde, um alle Viere von mir zu strecken und meine Seele baumeln zu lassen.

An einem Morgen, als sie arbeiten waren, saß ich beim Frühstück auf dem Balkon und überlegte, wie ich den Tag gestalten sollte. Vielleicht wäre es am besten, einen schönen Spaziergang zu machen? Ich liebte es, am Ortsausgang einen speziellen Weg auf eine Anhöhe hochzugehen, von der aus man die ganze Gegend überblicken konnte. Aber nicht einmal dazu konnte ich mich auf-raffen. Selbst das war mir einfach zu viel. Also beschloss ich, mir einen Liegestuhl in den Garten zu stellen, mich dort reinzulegen und nichts zu tun. Das habe ich dann gerade noch hinbekommen.

Während ich so dalag, erinnerte ich mich daran, dass die Bibel uns ermutigt, Gott unser Herz auszuschütten. Ja, genau das werde ich jetzt machen, dachte ich. „Vater, ich erzähl dir einfach mal, wie es mir gerade geht." Gott liebt es, wenn wir ihn mit einbe-ziehen in unseren Alltag, ihm unseren Kummer, unsere Nöte, aber auch unsere Freudenmomente mitteilen. Aber als ich dann loslegte, wurde aus dem Herzausschütten eigentlich ein handfes-tes Klagelied, allerdings nicht in gesungener, sondern in gespro-chener Version. Ich machte mir so richtig Luft und zählte all die einzelnen Momente, Dinge und Situationen auf, die mich heraus-gefordert, belastet und mir die Kraft geraubt hatten, und dass ich jetzt einfach platt war und nicht mehr so weitermachen konnte und auch nicht mehr so weitermachen wollte.

Als ich fertig war, dachte ich, mein himmlischer Vater würde jetzt sehr verständnisvoll reagieren, seine Hand auf meine Schul-ter legen und sagen: „Wenn ich das alles so erlebt hätte, wäre ich jetzt auch k.o. Ich kann total verstehen, dass du erstmal eine Aus-zeit und Wiederherstellung brauchst." Aber stattdessen fragte er mich: „Darf ich dir mal meine Perspektive zu all dem zeigen?" Ich war total perplex. „Du glaubst mir nicht? Ich habe dir doch gerade beschrieben, wie das alles gelaufen ist." „Ja, genau, du hast mir *deine* Sicht gezeigt. Aber ich sehe das alles ein bisschen anders."

Ich schluckte. Nahm Gott mich denn nicht ernst? Da gab es doch gar keine andere Perspektive. Fakten sind Fakten. Ein biss-chen innerlich schmollend bat ich ihn dann also um seine Sicht. Ich staunte nicht schlecht. Als Gott mit seiner Version zum Ende kam, war ich so ermutigt, begeistert, voller Elan und neuer Kraft, dass ich sagte: „Wie genial! Jetzt brauche ich die drei Monate gar nicht mehr, um mich zu regenerieren." Ich hatte den Eindruck, vor Energie und Schaffensdrang zu explodieren. „Okay, Gott, was packen wir als Nächstes an? Die drei Monate Pause sind gestrichen. Was ist unser nächstes Projekt?"

Ich fühlte mich rundherum erneuert, gestärkt und auferbaut und dachte staunend: Die letzten eineinhalb Jahre waren ja eine richtig geniale Zeit. So viele wunderbare Dinge waren geschehen! Es war nur eine Sache der Perspektive, wie ich die Dinge gesehen und bewertet hatte. Gott erklärte mir auch, wieso ich in die Lage gekommen war, mich wie ein Luftballon zu fühlen, dem Stück für Stück die Luft entwichen war.

Diese zwei Stunden im Garten, dieser Herzensaustausch mit Gott, meinem himmlischen Vater, hatten mich total umgekrempelt. Es war die beste Kur meines Lebens. Naja okay, es war meine erste Kur. Aber keine Kur kann in uns bewirken, was Gott in einem Augenblick in unserem Herzen tun kann.

Um das Ganze etwas anschaulicher zu machen, möchte ich ein paar sehr persönliche Details meiner Unterhaltung mit Gott preisgeben. Vielleicht sind sie hilfreich, dich auch in deinen eigenen Nöten wiederfinden zu können und geben dir einen Schlüssel für dein Leben und die Situation, in der du gerade feststeckst.

Einer der Punkte, die Gott ansprach, war meine Auffassung von „Zeit auskaufen". Für mich bedeutete das: In möglichst wenig Zeit viel hineinzupacken, um Dinge effektiv und schnell erledigen zu können. Also Ärmel hochkrempeln und los! Das ist ja grundsätzlich auch nicht schlecht, aber manchmal übersteigt unsere – oder zumindest meine – Einschätzung doch meine Kräfte.

So hatte ich den Beginn meines damaligen Umzugs innerhalb des Mietshauses, dessen Termin sich kurzfristig verschoben hatte und nun direkt im Anschluss an einen Israel-Gebetseinsatz stattfand, wohl doch zu sportlich geplant. Um terminlich alles schaffen zu können, dachte ich: Ich komme um 9:00 Uhr morgens auf dem Flughafen in Berlin-Schönefeld an und bin um 11:00 Uhr zu Hause. Dann können gleich um 14:00 Uhr die Helfer kommen und die ersten Kisten und Möbelstücke runtertragen in die neue Wohnung und die Lampen aufhängen. Abends räume ich dann alles schon mal ein, packe anschließend die nächsten Kisten und einen Tag später folgt der Restumzug.

Am nächsten Tag war ich aus den Latschen gekippt. Ich hatte dem Herrn in meiner Version geklagt, wie anstrengend der Umzug für mich gewesen war. War er ja auch. So inmitten von vielen Reisen, wo ich eigentlich gar keine Zeit zum Packen gehabt hatte und auch nicht den Platz, viele gepackte Kisten in meiner Wohnung zu stapeln und dann noch an ihnen vorbei Möbel raustragen zu können.

Aber das Mitleid des Herrn hielt sich in Grenzen. Er meinte nur schmunzelnd:

„Bei dem Zeitplan muss man ja schlappmachen. Wenn du mich in die Planung deines Umzugs mit einbezogen hättest, wäre das alles etwas entspannter gelaufen. Ich habe nämlich vorher gewusst, dass die Termine, die dir genannt worden waren, eh nicht eingehalten werden. Deshalb hätte ich dir nach deiner Rückkehr aus Israel erstmal vor dem Umzug mindestens einen freien Tag verordnet. Du warst für den Gebetseinsatz verantwortlich und hast die ganze Zeit für dein Team in einer Latino-Gemeinde auf Spanisch übersetzt. Dann hast du die Nacht vor dem Rückflug nicht geschlafen, weil ihr schon morgens um 2:00 Uhr zum Flughafen fahren musstet. Anschließend hast du noch eine Kamikaze-Umzugs-Zeitplanung in Berlin drangehängt. Das konnte ja nicht gut gehen.“

„Hm, also nicht die äußeren Umstände waren schuld, auch nicht die anderen, sondern es war mein eigener Fehler?“

So hatte ich das ja noch gar nicht gesehen. Mein Empfinden war, dass mich dieser Umzug auch deshalb so angestrengt hatte, weil ich ihn „zwischendurch" und „zusätzlich" zu all den Reisen und Terminen irgendwie hinter mich bringen musste.

Hier nun Gottes Sicht: „Du hattest jahrelang den Wunsch gehabt, wegen der heißen Sommer aus deiner Dachgeschoss-Wohnung auszuziehen, hattest aber keine Zeit, eine neue Wohnung zu suchen. Jetzt ist dir die Wohnung förmlich zugefallen. Du brauchtest nur einen Stock tiefer zu ziehen. Und bei all den Reisen und Terminen konntest du das ‚fast nebenher' machen. Jetzt bist du total glücklich, weil du die Hitze unter dem Dach nicht mehr erleiden musst und noch dazu im gleichen Haus wohnen bleiben konntest." Stimmt, das war wirklich phänomenal gelaufen. Ich hatte nichts zur Wohnungssuche beigetragen. Ich spürte, wie mich die Kraftlosigkeit schon ein bisschen verließ, und fühlte mich gleich leichter. Irgendwie war dieser Umzug doch gar nicht so schlimm gewesen.

Ein anderer Punkt, der mir in dem Jahr sehr zu schaffen gemacht und Kraft geraubt hatte, war die Sache mit der Sehnenscheiden-entzündung, unter der ich richtig gelitten hatte. Ich fühlte mich ihr gegenüber so ohnmächtig. Trotz aller Gebete schien keine Besserung in Sicht. Sie „klebte" an mir wie Kaugummi, und meine Hoffnung und mein Glauben auf Heilung schienen sich zu verflüchtigen.

Gottes Kommentar: „Ja, die Zeit war nicht einfach. Aber am Ende hast du einen großen Sieg errungen, diesen Riesen verjagt und neues Land eingenommen. Du bist mit einem genialen Wunder aus dieser Wüstenzeit herausgekommen und warst total begeistert über diesen Triumph. Schon vergessen? Und diese Wüstenerfahrung und dein Sieg waren gleich eine Botschaft für deine nächste Predigt. Es war keine leichte Zeit, aber du würdest sie nicht missen wollen, oder?"

„Ja, genau, Vater, das war absolut der Hammer. Dieser Morgen, an dem der Heilige Geist mich durch die Schrift führte und mich an so viele Heilungszeugnisse erinnerte. Und wie dann in zwanzig Minuten dieser ganze Spuk der Entzündung schon zu 65 Prozent vorbei war und ich kurz darauf total geheilt war. Das war obergenial!"

Ich spürte, wie die Begeisterung über Dinge, die im vergangenen Jahr gelaufen waren, in mir zunahm. Eigentlich war es ein Jahr gewesen, in dem ich erlebte, wie Gott mich in verschiedenen Bereichen meines Lebens über meine Begrenzungen hinweg auf eine neue Ebene gehoben hatte. Aber mein Fokus war nur auf die Herausforderungen gerichtet gewesen. Ich hatte all die positiven Dinge, die geschehen waren, und die errungenen Siege aus den Augen verloren.

Die Art und Weise, wie wir die Dinge sehen, hat einen starken Einfluss auf unser Empfinden. Ist das Glas halbleer oder halbvoll? Sehe und bewerte ich Situationen aus meiner Sicht oder aus Gottes Sicht?

Ja, und dann gab es noch eine kuriose Situation. Nach dem Umzug begegnete ich ab und an meinen neuen Nachbarn in unserem Treppenhaus, einem jungen Pärchen, das mich meist mit gepackten Koffern entweder aus der Wohnungstür raus- oder reingehen sah. Der Kommentar des jungen Mannes: „Frau Detert, Sie sind ja nur unterwegs. Wie schaffen Sie das nur? Das wäre mir viel zu anstrengend. Sie brauchen doch auch mal Ruhe…" Ich war schon erstaunt, dass mir das ein junger Mann sagte. Die jungen Leute haben doch meist Power ohne Ende, und ganz so ein junger Hüpfer war ich ja nun wirklich nicht mehr.

Ich begann, diesen Gedanken in mir Raum zu geben und dachte: „Hm, eigentlich hat er recht. Ich bin wirklich viel unterwegs. Und eigentlich kostet das ja tatsächlich Kraft. Vielleicht sollte ich mal ein bisschen kürzer treten…" Bei einem unserer Gespräche im Treppenhaus kamen wir auch auf den Umzug zu sprechen. Die beiden sagten dann, sie hätten echt ein anstrengendes Jahr hinter sich, vor allem auch mit dem Umzug, und müssten sich jetzt einfach erstmal erholen… „Ja, stimmt", dachte ich, „mir geht es eigentlich genauso. Das ganze letzte Jahr war eine Herausforderung nach der anderen und dann noch das ganze Reisen. Das war alles ein bisschen viel. Da muss man ja k.o. sein. Das ist doch eigentlich normal." – „Ist es das wirklich?"

Gott fing an, mir den Verlauf meines gefühlten Ergehens und „Erschlaffens" ein bisschen aufzudröseln: „Hast du mal darauf geachtet, seit wann du dich eigentlich immer müder fühltest und den Eindruck bekamst, dass dir alles zu viel wurde und du in diesem Rhythmus nicht weiterlaufen konntest und es auch nicht wolltest? Ja, dein Jahr war herausfordernd und anstrengend. Aber du hast erst angefangen, dich ausgelaugt und richtig erschöpft zu fühlen, nachdem du begonnen hast, über die Worte und das Empfinden deiner Nachbarn nachzudenken. Als sie den Umzug aus ihrer Sicht beschrieben, und auch wie *sie* dein Leben sehen, und wie es *ihnen* mit deinem Lebensstil ergehen würde, da hast du dir das „Recht" herausgenommen, auch müde und kaputt zu sein.

Ab dem Zeitpunkt hast du dich immer müder und schlapper gefühlt und angefangen darüber nachzudenken, dass es so nicht weitergehen könne. Dass dir das alles zu viel sei. Das hatten dir ja sogar die Nachbarn gesagt.

Du hast nur noch auf das Sichtbare geschaut und aufgrund der gehörten und angenommenen Worte angefangen, aus deiner eigenen Kraft heraus zu leben. Das hat dazu geführt, dass du dich so k.o. gefühlt hast.

Aber kannst du dich noch daran erinnern, dass ich damals in Florida auf einer prophetischen Konferenz zu dir gesagt hatte: ‚Dein Leben wird immer schneller werden und die Reisen zunehmen'? Und du fragtest dich: ‚Wie soll das gehen? Noch schneller?‘ Ich sagte weiter: ‚Nicht in deiner Kraft, sondern in meiner Kraft wirst du unterwegs sein!‘

Solange du auf mich geschaut und dich auf meine Worte gestellt hast, bist du voller Begeisterung, Leichtigkeit und Elan unterwegs gewesen. Erst als du auf die Worte anderer gehört und über sie nachgedacht hast, ist dir Stück für Stück die Kraft entwichen, und du fühltest dich immer müder und schlapper.“

Wow, genau so war es gewesen. Jetzt, wo der Herr mir das so klar vor Augen malte, wurde mir bewusst, was da abgelaufen war. Es ging mir super und alles lief bestens, solange ich auf den Herrn schauend entspannt in meiner Berufung lief und seine Worte im Ohr hatte: Nicht aus meiner Kraft, sondern aus *seiner*! Als ich anfing, die Worte anderer, die mein Leben aus ihrer Sicht bewerteten, in mich aufzunehmen, wurde ich müde. Klar ist mein Leben für jeden anderen scheinbar total anstrengend, und viele wollen nicht mit mir tauschen. Aber das ist auch besser so, weil es wichtig ist, dass ich in *meiner* Berufung laufe und jeder andere in *seiner eigenen*. Gott stattet mich mit allem aus, was ich auf meinem Weg brauche. Und jeden anderen mit allem, was er für seinen Weg braucht.

Was für eine Lektion! Die richtige Perspektive, wie wir Dinge sehen und bewerten, ist so wichtig. Und genauso wichtig ist es, welche Worte wir in unser Herz lassen und über welche Gedanken wir nachdenken. Im Kopf wissen wir das ja, aber wie leicht kann es uns doch im Alltag verloren gehen.

Vielleicht bist du auch an einen Punkt in deinem Leben gekommen, wo du sagst: Es ist mir alles zu viel. So kann ich nicht weitermachen. Gott lädt dich ein, mit deiner Not zu ihm zu kommen und dein Herz vor ihm auszuschütten. Vielleicht brauchst du auch einen Perspektivwechsel?

Frag ihn doch mal, wie er deine Situation sieht. Vielleicht hast du auch, anstatt auf Gottes Worte, auf Worte anderer gehört und die Gedanken und Aussagen anderer über dein Leben für dich angenommen.

Was auch immer der Grund für deine Kraftlosigkeit, vielleicht sogar Burnout ist, Gott ist der beste Therapeut.

Er liebt es, uns die Augen zu öffnen und uns wieder ins Leben zurückzuholen. Er kennt die beste Kur für uns.

In seiner Gegenwart ist Fülle von Freude. Er ist gekommen, uns Leben zu geben, Leben im Überfluss.

9

Die Kraft der gesprochenen Worte

uten Morgen!", grüßte ich meine Kollegin, als ich ins Büro kam. „Guten Morgen! Wie sehen Sie denn aus? Geht es Ihnen nicht gut?" „Wieso? Doch, es geht mir gut. Danke. Alles okay." Eigentlich ging es mir gut, als ich an diesem Morgen zur Arbeit ging. Ich arbeitete damals in der Personalabteilung einer Telefonfirma. Es war ein genialer Tag. Blauer Himmel. Alles war prima.

Ich ging zu meinem Schreibtisch und legte meine Sachen ab. Eine Kollegin schaute hinter ihrem Aktenstapel hervor: „Frau Detert, Sie sehen wirklich nicht gut aus. Sind Sie sicher, dass alles ok ist?" Ich war langsam etwas irritiert. Jetzt sprachen mich schon zwei Kolleginnen auf mein scheinbar schlechtes Aussehen an. Vielleicht hatten sie ja Recht. Irgendwie war ich heute beim Aufstehen nicht ganz so fit wie sonst gewesen. Aber das konnte doch mal vorkommen. Vielleicht hatte ich mir aber auch eine Grippe eingefangen, und man sah es mir schon an, auch wenn ich es noch nicht wirklich selber merkte. Der Tag nahm seinen Verlauf, gemäß der Worte meiner Kolleginnen, über die ich nachzudenken begann, bis sie mein Herz eroberten und mein Körper gehorsam darauf reagierte.

Rückblickend kann ich wirklich sagen, dass ich mich an diesem Morgen super gefühlt hatte, bis die Kolleginnen ihre Anfrage an mein Aussehen zum Besten gaben. Nachdem ich eine Weile in dieser Abteilung gearbeitet hatte, erkannte ich, dass so einiges verbal im Raum vor sich ging, was entsprechend negative Auswirkungen auf das Wohlergehen der Mitarbeiterinnen und die gesamte Büroatmosphäre hatte.

Vielleicht kennst du auch solche Momente: Gerade ging es dir noch gut, bis jemand etwas zu dir sagte, und dann ging es bergab mit deiner guten Stimmung und deinem Wohlfühlempfinden, was du bislang hattest.

Worte sind nicht einfach nur Worte. Sie sind voller positiver oder negativer Kraft. Worte können uns ermutigen, auferbauen und Leben hervorrufen oder uns entmutigen, runterziehen und zerstören.

In Sprüche 18, Verse 20–21 steht:

....

„An der Frucht seines Mundes sättigt sich der Mensch, am Ertrag seiner Lippen isst er sich satt. Tod und Leben steht in der Gewalt der Zunge, und wer sie liebt, der wird ihre Frucht essen."

....

Was über unsere Lippen geht, die Worte, die wir aussprechen, haben eine Auswirkung. Die Bibel definiert das sehr klar: Die Zunge bringt Tod und Leben hervor, Segen oder Fluch.

Wenn wir beispielsweise in jungen Jahren immer wieder gehört haben, wir seien dumm, unfähig, brächten nie etwas zustande, seien hässlich, zu dick, zu dünn, zu groß, zu klein oder dies und jenes, dann hat das alles eine Auswirkung darauf, wie wir uns selber sehen, wie wir uns entwickeln, was wir zu glauben beginnen. Negative Worte bringen Minderwertigkeitsgefühle und weiteres negatives Gedankengut in uns hervor.

Umgekehrt passiert Entsprechendes, wenn wir immer wieder hörten: „Das kannst Du! Du schaffst das! Du bist so begabt, du wirst bestimmt einen genialen Beruf ergreifen. Du bist wunderschön!" Die positiven Segensworte beflügeln uns, nach vorne zu schauen und die Welt zu erobern. Worte prägen uns, beeinflussen unsere Gefühle, unser Denken, unser Selbstbild, unser Selbstbewusstsein, unsere Entwicklung.

Durch Jesus haben wir ein geniales Gegenmittel gegen alles, was an Negativem über uns ausgesprochen wurde, bekommen. Wir können diese Flüche ans Kreuz bringen, denjenigen vergeben, die sie über uns ausgesprochen haben, und uns dann von Gott durch sein Wort, die Bibel, offenbaren lassen, wie er uns sieht, was er über uns denkt und welche genialen Gaben und Talente er in uns hineingelegt hat. Jesus ist gekommen, uns Leben zu geben, Leben im Überfluss. In *seinem* Wort entdecken wir die Wahrheit über uns, und die Wahrheit macht uns frei von allen Lügen und Flüchen, die über uns ausgesprochen wurden.

Wir können zu Menschen werden, die andere segnen und ermutigen, anstatt negativ über sie zu reden und zerstörend zu wirken. Manchmal ist das allerdings gar nicht so einfach, wenn man zum Beispiel von griesgrämigen Menschen umgeben ist oder völlig unverhofft von jemandem angepöbelt wird. Etwas in mir möchte sich dann zu gerne eins machen mit dem alttestamentlichen Prinzip: „Auge um Auge, Zahn um Zahn."

Und so manches Mal lasse ich mich leider auch provozieren. Aber inzwischen gehe ich dann immer schneller zu meinem himmlischen Vater und bitte ihn um Vergebung für meine Reaktionen. „Papa, ich brauche deine Hilfe, dass ich nicht zurückschlage. Ich möchte lernen, den Schmerz im anderen zu sehen, warum er gerade so grantig war und möchte Liebe und Gnade fließen lassen." Zu schnell führt sonst ein Wort zum anderen. Es ist viel besser, auf unsere Zunge zu achten, denn die „*Gelassenheit der Zunge ist ein Baum des Lebens*" wie wir in Sprüche 15, Vers 4 (ELB) lesen können.

Ich befand mich selbst einmal in einer Situation, in der mir Gott sehr praktisch vor Augen führte, wie wohltuend und lebensspendend es ist, unverdiente Gnade und Liebe anstelle „Auge um Auge, Zahn um Zahn" zu erleben. Was war passiert?

Wie immer betete ich am Wochenanfang morgens vor der Arbeit mit meiner Kollegin. Es war heute irgendwie nicht mein Tag. Ich war schlecht gelaunt und ein bisschen grantig. Mit meiner negativen Innenverfassung setzte ich nicht gerade Segen für meine Umgebung frei. Der Mann meiner Kollegin kam wie immer montags kurz vor Arbeitsbeginn mit einem Strauß Blumen für seine Frau vorbei. Er bekam gleich zu spüren, dass ich an diesem Morgen nicht die Freundlichkeit in Person war. Ich war einfach genervt, ließ ihn stehen und verschwand in meinem Büro.

Kurze Zeit später stand er in meiner Tür und überreichte mir eine Rose. Er hätte den Eindruck, ich bräuchte eine Ermutigung. Wow, das war sooo entwaffnend. Statt genervt auf mich zu reagieren, ließ er sich inspirieren, mir etwas Gutes zu tun. Er begegnete meinem Frust mit Gnade und Liebe. Das hatte mein Herz zutiefst berührt und mich überführt. Frust und Gereiztheit packten augenblicklich ihre Sachen und verschwanden. Sie wollten mir einfach mal den Tag vermiesen. Es gab nämlich gar keinen Grund, warum ich so schlecht gelaunt war.

Wir sagen ja manchmal zu solchen Befindlichkeiten: Ich bin einfach mit dem falschen Bein aufgestanden. Aber man könnte es auch so sehen: Negative Gefühle versuchen gerne mal auf uns zu landen, und wenn wir das erlauben, verläuft unser Tag dementsprechend.

So auch bei mir an jenem Morgen, bis weitergereichte Liebe und Gnade mich da wieder rausholten, mein Herz erreichten und der ganze Spuk ein Ende hatte. Der Tag nahm eine krasse Wendung, und ich konnte ihn in vollen Zügen genießen und meine Mitmenschen mich auch.

Eines Tages machte ich ein Experiment. Ich wollte bewusst positiv auf Menschen zugehen und ihnen Komplimente machen, für ihre Frisur, Kleidung, Schuhe, für ihre Kinder, Hunde oder was auch immer sich anbot, und schauen, wie sie wohl darauf reagieren würden. Die meisten von ihnen waren mit ausdruckslosen Gesichtern unterwegs oder saßen im Supermarkt an der Kasse. Als ich sie so nett und wohlwollend mit einem Kompliment ansprach, hellten sich die Gesichter auf, manche fingen sogar an zu strahlen: „Oh, danke schön. Das ist aber nett." Nur ein paar wenige liebevolle Worte holten sie aus ihrer Gleichgültigkeit und „Lasst-mich-doch-alle-in-Ruhe"-Haltung heraus.

Als wir einmal mit einem Team in Neuseeland Seminare über die Vaterliebe Gottes hielten, ließen wir die Teilnehmer durch einen „Segnungstunnel" gehen. Wir stellten uns als Team auf und bildeten ein Spalier für sie zum Durchgehen. Während die Teilnehmer langsam an uns vorbeigingen, sprachen wir ihnen von allen Seiten zu: „Gott liebt dich! Du bist kostbar! Er hat dich wunderbar gemacht!" Und vieles mehr. Ein lieber älterer Herr, ein Engländer, schaute jeweils den, der es gerade über ihm aussprach, mit großen leuchtenden Augen an und sagte zu ihm: „Really? Thank you, thank you so much!" Dann wandte er sich mit dem gleichen Erstaunen und den gleichen glänzenden Augen dem Nächsten zu und wiederholte: „Really? Thank you, thank you so much!" Das hatte er so noch nie gehört. Er sog die über ihm ausgesprochenen Worte voller Dankbarkeit förmlich in sich auf. Sie setzten Segen, neue Hoffnung und neues Leben frei.

Wenn wir auferbauende Worte säen, werden nicht nur die anderen gesegnet, sondern wir selber auch, denn der Mund des Gerechten ist eine Quelle des Lebens (Sprüche 10,11). Und wie anfangs schon erwähnt, wird unser Inneres satt von der Frucht unseres Mundes. Wir essen uns satt am Ertrag unserer Lippen.

*„Tod und Leben steht in der Gewalt der Zunge, und wer
sie liebt, der wird ihre Frucht essen." (Sprüche 18,21)*

Wenn wir unsere Zunge bewachen und darauf achten, was wir
sagen, wird uns das ernähren und segnen. Welche Worte sprechen
wir über uns selbst aus? Wie redest du über dich? Wie gehst
du mit dir um? Bist du freundlich zu dir oder sprichst du Negatives
über dir aus und machst dich selber fertig?

Wir säen mit unseren Worten in unsere Zukunft hinein. Geht
gute Frucht aus deinem Mund hervor, Auferbauendes, Wohltuendes,
Segnendes? Oder ist deine Frucht wenig nahrhaft und nicht
wirklich Segen freisetzend? Wenn wir Negatives gesät haben,
können wir Gott um Vergebung bitten und ihn einladen, einen
Wächter an unsere Lippen zu stellen und uns zu helfen, Positives
und Auferbauendes zu sagen.

*„Vater im Himmel, bitte hilf mir, ein Segensspender, ein
Ermutiger für mich selbst und auch für andere zu sein."*

10

Das Spiegelbild

Gott hat jeden von uns einzigartig gemacht, wie es David in Psalm 139, in den Versen 13–14 mit folgenden Worten beschreibt:

„Denn du hast meine Nieren gebildet; du hast mich gewoben im Schoß meiner Mutter. Ich danke dir dafür, dass ich erstaunlich und wunderbar gemacht bin; wunderbar sind deine Werke, und meine Seele erkennt das wohl!"

Hast du schon mal in den Spiegel geschaut und sein Wunderwerk betrachtet? Was sagt deine Seele, wenn du dich anschaust? Er hat dich wunderbar gemacht, egal was dir dein Spiegelbild besonders morgens oder abends vielleicht einzureden versucht. Gott hat dich in seinem Bild geschaffen. Er hat etwas von sich selbst in dich hineingelegt. Und er hat seine Schöpfung mit „Sehr gut" bewertet.

„Und Gott schuf den Menschen in seinem Bild, im Bild Gottes schuf er ihn; als Mann und Frau schuf er sie." (1. Mose 1,27)

„Und Gott sah alles, was er gemacht hatte; und siehe, es war sehr gut." (1. Mose 1,31)

Wenn wir anfangen, uns mit den Augen Gottes zu betrachten, hat das Auswirkungen darauf, wie wir uns selber sehen, besonders morgens, wenn unser Spiegelbild im Bad uns manchmal fragt: „Wer ist das denn? Kennst du die Person?"

Probiere es doch mal aus: Stell dich mal frühmorgens vor den Spiegel, wenn du vielleicht von der Nacht noch nicht ganz „entknittert" bist und deine natürliche Schönheit noch nicht so richtig hervorstrahlt – vielleicht hast du sie auch noch nie wahrgenommen – und denk darüber nach, wie wunderbar Gott dich geschaffen hat. Auch wenn dein Spiegelbild dich anfänglich eventuell etwas anknurrt und meint, das sei doch alles Quatsch, was du da gerade sagst. Aber wenn du dranbleibst und dich immer weiter betrachtest und dir die Wahrheit zusprichst, dass Gott dich wunderbar geschaffen hat, in seinem Bilde, dann wird sich dein Gesicht langsam aufhellen. Und vielleicht huscht dir ja sogar ein Lächeln über die Lippen: „Doch, Gott, du hast mich wunderbar gemacht. Fand ich zwar bislang nicht, aber je mehr ich mich mit deinen Augen betrachte, desto mehr kann ich das jetzt auch erkennen. Und wenn du mich wunderbar findest, dann finde ich das auch!"

Ich habe einmal zusammen mit einer Freundin ein Seminar in Tschechien über das Thema „Gott als liebendem Vater begegnen" gehalten. Für einen praktischen Teil hatte sie ein paar kleine Spiegel mitgebracht und die Teilnehmer eingeladen, sich irgendwo hinzusetzen, sich ein paar Minuten Zeit zu nehmen, das eigene Spiegelbild anzuschauen und den himmlischen Vater zu fragen, was er einem sagen möchte. Irgendwie fühlte ich mich von dieser Einladung anfangs nicht wirklich angesprochen. Aber dann dachte ich: „Okay, ich lass mich mal drauf ein!"

Manchmal ist das so eine Sache. Gott möchte uns einladen, etwas Ungewohntes zu tun, aus unserer Komfortzone herauszutreten und etwas zu wagen, was uns vielleicht nicht ganz geheuer ist, oder was wir vielleicht auch einfach kindisch finden. Und wir ringen mit uns, ob wir uns darauf einlassen sollen oder nicht. Aber es tut so gut, sich von ihm locken zu lassen und im Vertrauen auf ihn einen neuen Schritt zu tun.

Ich nahm den kleinen Spiegel, suchte mir einen Platz und dachte: „Na jetzt bin ich mal gespannt." Mutig schaute ich mein Spiegelbild an. „Oh nein, wie krass! Diese ganzen Falten auf meiner Stirn. Kann man die nicht einfach wegbügeln?" Sie waren mir sofort ein Dorn im Auge.

Da hörte ich eine leise Stimme: „Was hast du eigentlich gegen deine Falten? Ich finde sie gar nicht schlimm. Du lebst doch schon ein bisschen länger auf diesem Planeten, und da ist es ganz normal, dass du keine glatte Babyhaut mehr hast. Für mich zeugen die Falten von Leben. Ich mag sie." „Gott, du magst sie?" „Ja, ich habe kein Problem mit ihnen." Wow, wenn Gott sie mag, warum machte ich mir dann eigentlich solchen Stress mit ihnen?

Ich betrachtete mich etwas genauer. „Hm, eigentlich fallen sie doch gar nicht so ins Gewicht. Andere Leute haben auch Falten, halt an anderen Stellen. Und Gott, wenn du kein Problem damit hast, dann mach ich mir da auch keinen Kopf mehr drum." Ich schaute ein bisschen länger in den Spiegel. Irgendwann hatte ich ein breites Grinsen im Gesicht. Jemand fragte mich, worüber ich denn so amüsiert wäre? „Gott hat mir gerade gesagt, er mag meine Falten! Das ist doch genial, oder?"

Ich möchte dich wirklich ermutigen, mal kühn in den Spiegel zu schauen und darüber nachzudenken, wie wunderbar Gott dich geschaffen hat. Vielleicht gibt es auch bei dir das ein oder andere „Detail", mit dem du dich versöhnen möchtest und was du dann vielleicht sogar liebgewinnst.

Je mehr wir uns mit *seinen* Augen sehen, umso leichter fällt es uns, uns selber anzunehmen und versöhnt mit unserem Aussehen zu leben, was wiederum dazu führt, dass sich unsere Ausstrahlung verändert. Lass das mal so richtig tief sacken:

....

Gott hat dich wunderbar gemacht. Er hat dich in seinem Bilde geschaffen. Und er liebt dich bedingungslos.

....

Falls es jetzt gerade in dir knirscht und knackt, und sich eine kleine Rebellion gegen diese Gedanken formieren möchte, dann bitte Gott um eine Herzensoffenbarung über diese Wahrheiten. Er liebt es, uns die Augen zu öffnen, damit wir erkennen, wer wir in ihm sind, wie wunderbar er uns geschaffen hat und wie sehr er uns liebt.

11

Den Schatz im Anderen suchen

Wir sind also in Gottes Bild geschaffen. Er hat uns wunderbar gemacht. Und jeder von uns ist einzigartig. Aber wir sind noch nicht alle perfekt. Wir haben noch so manche Macken, Ecken und Kanten. Da gibt es noch so manche bislang nicht verheilte Wunden aus der Vergangenheit. Und wir werden auch weiterhin im alltäglichen Leben immer wieder mal verletzt werden. In all dem versucht unser subjektives Empfinden uns oft zu vermitteln, der Andere sei das Problem. Wir brauchen alle noch viel Gnade und Veränderung.

Einige Male war ich durch Verhaltensweisen anderer richtig herausgefordert. Manchmal betraf es Freunde, manchmal die Familie, Arbeitskollegen, Nachbarn oder einfach nur Menschen, denen man im Alltag begegnet. Kennst du solche Situationen, wenn man anfängt, auf falsche Verhaltensweisen zu reagieren? Man versucht sich „Luft zu verschaffen" oder sich einfach nur zu schützen. Der eine reagiert dann eher etwas extrovertiert und platzt verbal los, der andere ist mehr introvertiert und frisst alles in sich hinein. Und dann entwickeln wir oft Verhaltensweisen, wie wir uns vor kommenden Begegnungen und weiteren Verwundungen durch den anderen schützen. Viel besser ist es, diese Situation möglichst schnell vor Gott zu bringen und der Person, die uns falsch behandelt und verletzt hat, zu vergeben. Ich fand das früher immer ungerecht: Der Andere verletzt mich. Ich bin die Geschädigte. Und dann muss ich auch noch vergeben und der Andere kann lustig so weitermachen.

Aber Gott korrigierte mich in seiner liebevollen Art und machte mir Vergebung richtig schmackhaft:

„Weißt du, Vergebung ist eine Heilungssalbe für dich. Wenn dich jemand verletzt hat, trägst du eine Wunde davon. Wenn du nicht vergibst, fängt die Wunde an zu eitern. In deinen Gedanken fängst du an, immer wieder um die Situation zu kreisen, wie gemein der andere war etc. Du denkst das Geschehene immer wieder durch, redest darüber, vielleicht träumst du sogar nachts davon. Dadurch fängst du an, dich an die Person zu binden. In der Folge geht es dir immer schlechter. Du wirst langsam bitter und die Wunde wird schlimmer.

Wenn du aber die Situation, deinen Schmerz, deine Wut usw. zu mir bringst und der anderen Person vergibst, dann wirkt Vergebung wie eine heilende Salbe auf deiner Wunde. Sie wird nicht schlimmer, sondern fängt an zu heilen. Auch wenn sie schon am Eitern war. Bei Vergebung darfst du richtig egoistisch sein. Du vergibst, damit es dir wieder gut geht und du nicht ständig weiter über das Geschehene, den Schmerz und die Person nachzugrübeln brauchst. Es ist wichtig, dass du wieder Freude am Leben haben kannst. Durch Vergebung legst du den schweren Rucksack von Schmerz, negativen Gedanken und Gefühlen usw. bei mir ab und erlebst, wie neue Leichtigkeit und Freude in dein Leben kommen. Außerdem hat Jesus dir auch alle deine Sünden vergeben. Vergebung ist also absolut wichtig.“

„Okay, Gott, wenn das so ist, dann vergebe ich. Ich will ja, dass es mir gut geht und will mir nicht auch noch selber schaden.“

Wichtig ist auch, dass wir Gott bitten, uns aufzuzeigen, wo wir selber angefangen haben, uns vor weiterer Verletzung durch diese oder andere Personen zu schützen. Was haben wir für Verhaltensweisen entwickelt, damit uns möglichst keine Pfeile mehr durch die anderen Personen treffen? Zum Beispiel Distanz, Nicht-Vergeben, negatives Reden, Wut und vieles mehr. Da solche Gegenmaßnahmen uns selber in Gebundenheit bringen, ist es wichtig, sie ans Kreuz zu bringen, uns von ihnen zu trennen und uns seinem Schutz anzuvertrauen. Solange wir versuchen, uns selber zu schützen, kann *er* uns nicht schützen.

Nochmal zurück zu unseren anfangs erwähnten Macken, Ecken und Kanten. Wir haben alle einen Lebensweg hinter uns, der uns zu dem gemacht hat, was wir derzeit leben, im Positiven wie im Negativen. Wenn wir also „schräg drauf" sind und andere verletzen oder von ihnen verletzt werden, sind meist nicht geheilte Wunden sowie die von uns ergriffenen Selbstschutzmaßnahmen aus früheren Zeiten der Grund dafür. Wir können uns entscheiden, ob wir dabei stehen bleiben und eben diese Ecken und Kanten des Anderen vor Augen haben, oder ob wir Gott bitten, uns zu zeigen, wie *er* die Person sieht.

Als ich das eines Tages einmal in Bezug auf einen „besonderen Schleifstein" tat, also eine für mich richtig schwierige Person, geschah etwas Geniales: Durch Gottes „Sichtweise" verschwammen all die schwierigen Seiten des Anderen, alles Ruppige, Egoistische, alle Verhaltensweisen, die wirklich herausfordernd waren. Ich sah plötzlich eine wunderbar geschaffene Person, die durch viele schwierige Lebensumstände und falsche eigene Entscheidungen im Herzen wie zu einem „Waisenkind" geworden war, das verzweifelt nach Annahme suchte, Annahme durch den himmlischen Vater, aber auch Annahme durch andere. Und dann zeigte mir Gott, wie sehr er die Person liebte, und was er alles für wunderbare Samen in sie hineingelegt hatte, welche Kostbarkeiten, Begabungen und Schätze, die durch viele Lebensumstände leider verschüttet worden waren.

Als Gott mich so an seiner Sicht teilhaben ließ, spürte ich, wie sich mein Herz langsam für die Person erwärmte und sich ihr zuwandte. Ich begann, Gottes Liebe für sie zu spüren. Ich konnte plötzlich über alles hinwegschauen, wodurch sie mir und anderen das Leben bislang so schwergemacht hatte und sah diesen liebenswerten Kern in ihr. Ich wünschte mir so sehr, dass die Person am Herzen Gottes ankommen würde, in den liebenden Armen des himmlischen Vaters, der all unseren Mangel ausfüllt.

Seit diesem Erlebnis habe ich angefangen, den Vater zu bitten, mir die Augen des Herzens zu öffnen, die Menschen mit *seinen* Augen zu sehen, *seine* Liebe für sie zu empfangen und die Schätze im anderen zu entdecken und nicht länger auf das zu schauen, was mich an ihnen herausfordert.

....

„Vater, lass mich jemand werden, der die verborgenen Schätze im anderen bergen hilft. Ich möchte jemand sein, der sich nicht zurückzieht, wenn es schwierig wird, sondern der deine Liebe und Gnade fließen lässt."

....

Das macht das Leben so viel leichter. Wir selber werden gesegnet und die anderen auch.

12

Boxenstopp

Die Sicht war gut. Mein Auto lag stabil in den Kurven. Die Technik funktionierte perfekt. Ich befand mich auf einer rasanten Fahrt. Stück für Stück überholte ich die anderen Fahrer. Nur noch wenige Runden und dann würde das Ziel vor mir liegen. Alles war im grünen Bereich. Es hätte nicht besser laufen können.

Plötzlich sah ich, wie Jesus mich für einen Boxenstopp rauswinkte. „Jetzt ein Boxenstopp? Warum das denn? Der Wagen läuft rund. Es gibt keine technischen Probleme. Es fehlen doch nur noch wenige Runden. Jesus, ich brauche jetzt keinen Boxenstopp!" Aber ich fuhr natürlich trotzdem raus, sprang aber aus dem Auto und fing sofort an, mit Jesus über diesen in meinen Augen unnötigen Stopp zu diskutieren. Er ließ sich allerdings nicht von meinen Argumenten umstimmen und bat mich stattdessen mitzukommen. „Aber wo willst du denn mit mir hin? Das Rennen läuft doch. Es fehlen nur noch wenige Runden. Ich kann doch jetzt nicht einfach alles stehen und liegen lassen und mit dir irgendwohin gehen?"

Ich verstand die Welt nicht mehr. Damit war das Rennen dann ja wohl für mich gelaufen. Hoffentlich wusste Jesus, was er da tat. Ich folgte ihm mit tausend innerlichen Fragezeichen. Er führte mich in einen großen hellen Raum, in dem ein riesiges Buffet voller Köstlichkeiten stand. Ein Buffet vom Feinsten, inklusive Obst und Desserts, sodass mir das Wasser im Mund zusammenlief. Staunend und fragend schaute ich Jesus an: „Wow, das sieht alles gewaltig aus. Am liebsten würde ich mich jetzt hier hinsetzen und das alles für die nächsten Stunden genießen und durchprobieren. Aber warum führst du mich jetzt hierher, wo ich mitten im Rennen bin und nur noch wenige Runden fehlen?"

Draußen hörte ich am Lärm, dass die anderen Autos soeben wieder an den Boxen vorbeijagten. Eine weitere Runde, die ich nun im Rückstand lag. Jesus hatte doch sonst immer alles im Blick. Hatte er die Regeln der Formel-1-Rennen nicht verstanden? Er schaute mich an und sagte: „Genieß das alles. Lass es dir schmecken und entspann dich." Dann drehte er sich um und ging. Ich war sprachlos.

Also beschloss ich: Gott ist Gott, und wenn er meint, dass ich jetzt hier sitzen und es mir gut gehen lassen soll, dann mache ich das. So ein leckeres Buffet hatte ich noch nie gesehen. Ich schlemmte mich durch alles hindurch und konnte die Unterbrechung kurzfristig sogar ein bisschen genießen. Aber in Gedanken war ich noch immer mitten im Rennen.

Schnell stopfte ich noch ein paar Kleinigkeiten in den Mund und rannte auf die Tür zu, weil mir einfach die Zeit weglief. Ich wollte doch nicht als Letzter durchs Ziel fahren. In der Tür wäre ich fast mit Jesus zusammengestoßen, der sich gerade erkundigen wollte, wie mir das Essen schmeckte. „Das war richtig, richtig klasse! Aber das Rennen! Ich muss unbedingt das Rennen weiterfahren. Ich esse nachher weiter." Ich wollte gerade losstürmen, als er meine Hand nahm und sagte: „Du, ich wollte dir noch etwas zeigen. Komm doch nochmal mit." Was wollte er mir denn jetzt noch zeigen? „Jesus, das Rennen!"

Ich wollte wieder diskutieren. Aber er führte mich lachend quer durch den Raum mit dem leckeren Buffet und öffnete eine dahinter liegende Tür, – die in einen Wellness-Bereich führte. Wow, ein gigantischer Bereich mit Whirlpool, Sauna, Massage, Fango … Alles, was das Herz begehrt. Erstaunt schaute ich Jesus an. „Und wieso zeigst du mir das jetzt? Draußen läuft das Rennen." „Ich weiß, ich weiß. Entspann dich. Ich wollte, dass du es dir mal so richtig gut gehen und dich rundherum verwöhnen lässt und ein bisschen genießt! Bis später!" Und dann war er auch schon wieder weg.

Ich dachte: „Okay, Jesus ist der Boss. Dann genieße ich jetzt eben und alles andere ist mir erstmal egal." Es war herrlich. Eine Anwendung nach der anderen und dieser super Whirlpool. Es war richtig nett, abzuhängen und es sich gut gehen zu lassen. Je länger ich diesen Wellness-Bereich genoss, desto mehr entspannte ich mich und war mittlerweile auch gar nicht mehr in Eile, um das Rennen zu Ende fahren zu können. „Jesus wird schon wissen, was er tut", dachte ich. Nach einer Weile kam er zurück. „Na, gefällt es dir?" „Ja, super! Einfach genial!" „Freut mich, dass ich deinen Geschmack getroffen habe. Wie sieht es aus? Bist du startklar? Kann es weitergehen mit dem Rennen?" Stimmt, da war ja noch das Rennen. Jetzt hätte es mir auch nichts ausgemacht, noch eine Weile hierzubleiben. Aber ich sagte: „Ja, startklar!" „Okay, dann lass uns loslegen!"

Wir gingen zurück zum Boxenbereich. Mein Auto war in der Zwischenzeit gewartet worden. Es blitzte und blinkte. Es sah richtig gut aus. Und dann sah ich plötzlich die anderen Wagen an uns vorbeischießen. „Na toll, das war wahrscheinlich ihre letzte oder vorletzte Runde. Jetzt konnte ich dann in aller Seelenruhe all meine fehlenden Runden nachfahren und irgendwann würde ich dann auch im Ziel eintrudeln." Meine Begeisterung, das Rennen zu Ende zu fahren, hielt sich in Grenzen. Aber wenn Jesus mich jetzt wieder ins Rennen schickte, dann würde er schon wissen, was er tat.

Bevor ich die Boxengasse verlassen konnte, musste ich noch die anderen Autos vorbeilassen. „Hilfe, was war das?" Ein Reifen hatte sich von einem vorbeijagenden Auto gelöst und es ins Schleudern gebracht. Es gab einen Knall und das Auto landete in der Planke. Schon kam der nächste Wagen angebraust und sauste dröhnend an mir vorbei. Plötzlich flog die Stoßstange vom Auto. Es geriet ins Schleudern, kam von der Strecke ab und blieb liegen. Ein weiteres Auto schoss vorbei. Ich traute meinen Augen nicht. Es überschlug sich und war somit auch aus dem Rennen. Und so ging es einem Auto nach dem anderen. Ich sah sie alle noch an mir vorbeiflitzen, nur um dann zu sehen, wie sie kurz darauf aus diversen Gründen aus dem Rennen flogen. Ich schaute zu Jesus und dann wieder auf die Autos. „Was war denn hier los? Warum haute es sie alle aus dem Rennen?" Als der letzte Wagen durch – und auch rausgeflogen – war, schickte mich Jesus wieder auf die Strecke zurück. „Jetzt kannst du in Ruhe den Sieg nach Hause fahren."

Und dann wachte ich auf! Ich saß senkrecht im Bett und war völlig verdattert. „Krass, das war ja ein Traum!" Und so ein klarer Traum. Ich stand sofort auf, um ihn aufzuschreiben. Ich wollte ihn auf keinen Fall vergessen. Aber er war so lebendig, dass ich ihn bis heute noch genau vor Augen habe. Ich fragte Jesus, was das alles zu bedeuten hatte und warum keins von den Autos ins Ziel gekommen war, sondern sie alle auf die eine oder andere Weise aus dem Rennen geflogen waren.

Er sagte: „Erinnerst du dich, dass ich dich mitten in einem gut laufenden Rennen rausgewunken hatte? Du hast das überhaupt nicht verstanden und gedacht, ich würde die Spielregeln der Formel-1 nicht verstehen. Dieses Rennen steht für den Lauf deines Lebens, deinen Auftrag, deine Berufung und ebenso gilt das für all meine anderen Kinder.

Euer Leben ist ein Marathon und kein Kurzstreckenlauf. Und ich als euer Trainer weiß am allerbesten, wann es Zeit für euch ist zum Auspannen, zum Auftanken, neue Kräfte zu sammeln und einfach mal auch nur zum Genießen. Und so oft ‚fahrt ihr einfach an mir vorbei'. Ich möchte euch herausrufen, zur Ruhe bringen, euch Gutes tun und stärken, neu ausrichten und wieder auf die ‚Piste' schicken. Ich weiß, dass ihr diese Zeiten der Erholung braucht, damit ihr das Rennen mit Ausdauer laufen könnt, keinen Verschleiß erlebt und aus dem Rennen fliegt, sondern am Ende eures Lebenslaufs den Siegeskranz empfangen könnt (2. Timotheus 4,7–8).

Im Traum warst du die einzige, die sich rausrufen ließ. Alle anderen sind an mir vorbeigefahren. Sie haben nicht auf mich geachtet. Sie dachten, sie bräuchten keine Pause, kein Innehalten, sondern heizten einfach Runde um Runde weiter, weil es ja gerade so gut lief. Aber dann kamen die ‚Material-Ermüdungserscheinungen' und einer nach dem anderen flog aus dem Rennen.

Schaut auf mich, neigt euer Ohr zu mir, damit ihr erkennt, wann ich euch herausrufe. Und lasst euch dann rufen und denkt nicht, dass ihr euch diesen ‚Boxenstopp' gerade nicht leisten könnt, weil ihr sonst den Anschluss verpasst und als letzter ins Ziel kommt. Ich bin der beste Trainer. Ich bin nicht auf eine perfekte Leistung aus. Euer Wohlergehen ist mir wichtig, damit ihr heil, siegreich, mit glücklichem Herzen und erfüllter Berufung ans Ziel kommt!" Ich war sprachlos und tief bewegt.

Wie sieht es in deinem Leben aus? Steht Jesus vielleicht auch bei dir gerade an der Seitenlinie und möchte dich zur Stärkung rauswinken? Auch wenn alles gerade super rund läuft, lass dich rausrufen. Lass dich stärken und in seiner Gegenwart erneuern. Er liebt dich und weiß, was das Beste für dich ist.

13

Briefkasten-Überraschungen

In der Vergangenheit hatte ich immer mal wieder Zeugnisse von Leuten gehört, die in ihren Briefkästen Umschläge mit finanziellen Segnungen vorfanden. Ich fand es sehr ermutigend und inspirierend, als sie davon berichteten und dachte bei mir, die Bibel sagt, wir haben nicht, weil wir nicht bitten (Jakobus 4,2). Ich war noch nie auf den Gedanken gekommen, um einen finanziellen Segen auf solchem Wege zu beten. Aber nach so einigen Zeugnissen dieser Art bat ich Gott, mich doch auch mal mit so einem Segen zu überraschen.

Und in der Tat landete eines Tages ein Umschlag mit einem beachtlichen Segen in meinem Briefkasten, dass mir vor Freude die Tränen kamen. Auf dem Umschlag, der mit Briefmarke und Poststempel versehen war, stand als Absender: *Papa, Wunderweg 7, 37777 Heiligenstadt.* Ich hatte mich, bevor ich den Brief öffnete, noch gewundert, wer mir denn da schrieb. Gedanklich scannte ich alle mir bekannten Personen durch, ob da irgendjemand in Heiligenstadt wohnte, und dann noch dazu im Wunderweg 7. Mir fiel niemand ein. Und zusätzlich stand da auch noch als Absender „Papa" drauf. Ich schnallte nichts.

Dann öffnete ich den Umschlag und zog ein dickes, graues, gefaltetes Blatt Papier heraus auf dem „Unendlich geliebt!" zu lesen war. Wie genial! Da hatte ja jemand echt liebevoll an mich gedacht. Ich klappte das zusammengefaltete Papier auf: Es umhüllte einen großen Geldschein, den ich noch nie zuvor gesehen hatte. Als ich mir dann den Absender erneut anschaute, fiel bei mir der Groschen. Mein Papa im Himmel hatte diesen Segen zu mir geschickt, um mich zu ermutigen und mir zu verdeutlichen, dass er ein Gott ist, der Gebete erhört, und dass er mein Versorger ist und ich mich nicht sorgen soll bezüglich Versorgung, sondern ihm vertrauen darf. Er hat alles im Griff. „Wow!" Ich war sprachlos. Das war genial!

Zu dieser Zeit waren gerade meine Freunde Raul und Betty Reyes, ein Pastorenehepaar aus Argentinien, bei mir zu Besuch. Gemeinsam dankten wir dem Herrn für diesen „Kuss aus dem Himmel", wie ich diese Überraschung nannte. Mein himmlischer Papa sagte: „Meine kleine geliebte Tochter, ich habe alles im Griff. Entspann dich und vertraue mir!"

Ich war begeistert, dass ich nun auch einmal so eine Briefkasten-Überraschung erleben durfte. Außerdem kam dieser himmlische Gruß gerade in eine finanziell äußerst herausfordernde Zeit hineingeflattert. „Danke, Papa! Du bist spitze und absolut verlässlich!"

Ich rahmte den Umschlag und das enthaltene Blatt mit den Worten „Unendlich geliebt" ein, und stellte den Bilderrahmen gut sichtbar auf ein Sideboard, um mich tagtäglich an die Güte Gottes zu erinnern und daran, dass er wirklich ein treuer Versorger war und ist.

Ein paar Monate später landete erneut ein merkwürdiger Brief in meinem Briefkasten. Diesmal ohne Stempel, ohne Aufschrift, dafür ziemlich dick. Ich fragte mich, wer mir denn so einen dicken Umschlag eingeworfen hatte. Zurück in der Wohnung öffnete ich ihn. Ich dachte, es sei vielleicht eine unerwünschte Werbung. Als ich den Umschlag aufmachte, kippte ich fast aus den Latschen. 585 Euro, in vielen verschiedenen Scheinen. Ich war sprachlos und einmal mehr tief berührt. Gott hatte es schon wieder getan – und mich mit einem Umschlag im Briefkasten überrascht. Dieser Segen kam wiederum in eine Zeit hinein, die finanziell herausfordernd war. So dankte ich meinem Vater im Himmel voller Begeisterung.

Dann hielt ich inne und fragte ihn: „Papa, was soll ich denn mit dem Geld machen? Soll ich es auf das Konto unseres Dienstes ‚Brücke zu den Nationen' einzahlen oder darf ich es für meinen alltäglichen Bedarf verwenden, wo ich es auch gerade sehr gut gebrauchen könnte?" Es war zusätzlich noch ein kleines Geldpäckchen mit 65 Euro in dem Umschlag mit der Aufschrift: „Der Zehnte für den Herrn". „Papa, ok, der Zehnte ist sowieso für dich. Aber was machen wir mit dem Rest?" Ich war gespannt, was Gott sagen würde. Ich hörte eine leise Stimme in meinem Innern: „Die 500 Euro sind nicht für dich!" Ich war total erstaunt und sofort auch enttäuscht. Jetzt flatterte so ein dicker Segen in meinen Briefkasten, den augenscheinlich Gott gesandt hatte, und jetzt war er gar nicht für mich? Ich sollte das Geld gleich wieder weitergeben?

„Die sind nicht für mich? Wieso denn nicht?", fragte ich den Herrn. Er antwortete: „Du hattest mir doch eine Frage gestellt und mich um eine Bestätigung gebeten!" Ich wusste sofort, was Gott meinte. Das Geld war für die Mutter eines schwer verunfallten jungen Mannes aus Südamerika bestimmt, der in Berlin studierte und derzeit im Krankenhaus lag. Seine Mutter war sofort nach dem Unfall nach Berlin gekommen, um sich um ihren Sohn zu kümmern. Gott hatte mich über einen befreundeten Pastor einer anderen Stadt mit ihnen in Verbindung gebracht. Ich hatte die beiden im Krankenhaus besucht und für sie gebetet. Die Mutter wohnte bereits seit fast sechs Wochen in einem Hotel gegenüber vom Krankenhaus, das ein Spezialabkommen mit der Klinik hatte für Angehörige, die zu Besuch kamen. Aber sechs Wochen waren schon eine sehr lange Zeit, um in einem Hotel zu wohnen und es war noch nicht abzusehen, wie viele Wochen oder Monate der junge Mann noch im Krankenhaus bleiben musste.

Als ich sie zwei Wochen zuvor besucht und kennengelernt hatte und von ihrer Situation hörte, hatte ich den Eindruck, ich sollte ihr bei den Hotelkosten helfen. Ich fragte Gott: „Kommt dieser Gedanke wirklich von dir oder ist das meine eigene Idee? Vielleicht braucht sie gar keine finanzielle Hilfe?" Also versuchte ich bei einem nächsten Besuch, erstmal etwas mehr von ihr zu erfahren. Sie erzählte mir ein bisschen über sich und ihre Familie. Nachdem wir uns eine Weile unterhalten hatten, dachte ich: „Das schien wirklich nur meine eigene Idee gewesen zu sein. Es scheint ihr doch ganz gut zu gehen." Diese Schlussfolgerung empfand ich als sehr entspannend, da ich nämlich nicht einfach mal so viel Geld auf dem Konto hatte, um sie wirklich unterstützen zu können.

Ich bat Gott, falls dieser Impuls, ihr finanziell bei den Hotelkosten zu helfen, tatsächlich von ihm kam, mir doch eine Bestätigung zu schicken. Damit war das für mich erstmal erledigt. Als nun dieser geniale Geldsegen ins Haus geflattert kam, hatte ich die Sache mit der Unterstützung völlig vergessen und fragte Gott deshalb auch, was ich denn nun mit dem Geld machen sollte.

Als er sagte: „Die 500 Euro sind nicht für dich!", fiel mir die ganze Geschichte wieder siedend heiß ein. Gott sagte: „Du hattest mich doch immer mal gebeten, ein Kanal für finanzielle Segnungen sein zu dürfen. Der darfst du jetzt sein. Und du brauchst nicht traurig zu sein, dass du das Geld wieder ‚weggeben‘ sollst. Es war noch nie *dein* Geld, sondern es ist *mein* Geld. Es fließt jetzt einfach nur durch deine Hände, um zur geplanten Empfängerin zu gelangen.

Aber du wirst trotzdem sehr gesegnet werden, weil du dich von mir als Kanal benutzen lässt. Finanziell brauchen sie das Geld vielleicht nicht. Aber ich möchte ihnen dadurch meine Liebe offenbaren und dass ich ein Gott bin, der sich kümmert. Ihre Familie wird total perplex darüber sein, dass sich eine wildfremde Frau von Gott inspirieren lässt, der Mutter des Jungen einfach mal so 500 Euro in die Hand zu drücken, um sie in dieser Situation zu unterstützen. Das wird ihr Herz berühren. Ich plane in vielerlei Hinsicht einen dicken Segen. Lass dich überraschen."

Stimmt, ich hatte Gott einmal gesagt, dass ich gerne ein Kanal sein würde, durch den er viel Segen fließen lassen kann. Ok, wenn das jetzt so eine Situation war, dann würde bestimmt etwas Geniales daraus entstehen. Sofort freute ich mich darauf, das Gesicht der Mutter zu sehen, wenn sie die „himmlische Überraschung" in Empfang nehmen würde. „Super, ich bin gespannt!" Und in der Tat waren sie und ihre Familie zutiefst berührt. Gott alleine weiß, wie die Geschichte dann noch weitergegangen ist.

Insgesamt war der junge Mann fünf Monate im Krankenhaus. Nachdem er längere Zeit im Koma gelegen hatte, war es ungewiss, ob er, falls er aufwacht, jemals wieder in der Lage sein würde, ein normales Leben zu führen. Seine Wiederherstellung ist ein absolutes Wunder. Er war als Fußgänger bei Grün über die Straße gegangen, von einem Auto erfasst und ein paar Meter mitgeschleift worden, was zu unendlich vielen schlimmen Verletzungen geführt hatte. Er wurde viele Male operiert, innerlich und äußerlich wieder zusammengeflickt und konnte dann langsam mit Bewegungstherapie anfangen. Inzwischen geht es ihm wieder soweit gut, dass er ein ganz normales Leben führen kann. Er weiß, dass seine Wiederherstellung ein Wunder Gottes ist. Und ich bin Gott so dankbar, dass ich ein bisschen an dem Segen, der dieser Familie in vielerlei Hinsicht zuteilwurde, Anteil haben durfte.

Durch dieses Erlebnis ist mir wieder einmal bewusst geworden, dass es für Gott gar nicht immer so einfach ist, seinen Segen durch uns hindurch zu anderen Menschen fließen lassen zu können. Unser Verstand ist so schnell dabei, diese inneren Impulse zu geben und zu segnen, wegzuerklären. Und auch der Teufel, der Gegenspieler Gottes, ist in keinerlei Weise daran interessiert, dass Menschen gesegnet werden. Er redet gerne dazwischen und erklärt uns, warum ein Segensgedanke nicht immer von Gott kommt und wir deshalb nicht drauf eingehen sollten.

Aber was solls? Wenn wir von Herzen segnen, können wir nichts falsch machen. Gott liebt den fröhlichen Geber. Und wenn wir großzügig sind, kommen wir ganz nach dem himmlischen Vater, denn er ist die Großzügigkeit in Person. Ich möchte sein wie mein Papa!

....

„Gott, benutze mich gerne weiter als deinen Kanal."

....

14

Das „singende" iPad

Vor vielen Jahren bin ich das erste Mal zusammen mit einem größeren Team aus Deutschland nach Argentinien geflogen. Raul und Betty Reyes, meine Pastorenfreunde aus La Plata, einer Stadt in der Nähe von Buenos Aires, hatten uns eingeladen, in ihrer Gemeinde eine Konferenz mit dem Thema „Das Vaterherz Gottes entdecken" zu gestalten. Anschließend wollten sie uns noch zehn Tage in andere, mit ihnen befreundete Gemeinden schicken, um auch dort über das Vaterherz Gottes zu sprechen. Ich hatte Raul und Betty Anfang der 1990er Jahre in Deutschland kennengelernt, als sie während einer ihrer jährlichen Reisen eines Tages in einer Gemeinde in Berlin dienten. Danach besuchte ich sie immer mal wieder in Argentinien, und seit 2009 organisierte ich dann ihre Einsätze in Deutschland und ein paar Nachbarländern, begleitete sie auf den wochenlangen Reisen und übersetzte sie rund um die Uhr.

Eines Tages fand genau zu der Zeit, als ich mal wieder mit ihnen in Deutschland unterwegs war, eine Vaterherz-Konferenz mit Matthias Hoffmann und Manfred Lanz statt. Durch ihre Botschaften über die „Vaterliebe Gottes" ist über die Jahre eine richtige Vaterherz-Bewegung in unserem Land entstanden (www.vaterherz.org). Da ich auch Teil dieser Bewegung war, nahm ich Raul und Betty einfach mit zur Konferenz, auf der der himmlische Vater sie tief berührte. Sie sagten damals: „Wir erleben zwar Gottes Kraft in unseren Gottesdiensten, wir erleben Bekehrungen, Heilungen und Befreiungen, aber Gott als liebenden Vater haben wir noch nie so intensiv erfahren wie hier in diesen Tagen. Wir leben eher ein bisschen wie geistliche Waisenkinder in unserem

Land. Bitte betet doch mal darüber, ob ihr nicht mit dieser Botschaft zu uns nach Argentinien kommen könnt. Wir brauchen sie so dringend."

Und so starteten wir dann mit Matthias und anderen aus der Vaterherz-Bewegung zu unserer ersten von vielen weiteren „Vaterherz-Reisen" nach La Plata. Später kamen über Rauls Kontakte auch noch Reisen nach Chile und Uruguay hinzu. Wir hatten eine geniale Zeit und konnten zusehen, wie die Vaterliebe Gottes auch die Herzen unserer argentinischen Freunde eroberte. Betty hatte zu diesem Anlass mit ihrer Nähmaschine 45 große „rote Herzen" mit Armen und Händen genäht, die sie zuvor auf unserer Konferenz gesehen hatte. Das war richtige Fleißarbeit.

Am Ende unserer 14-tägigen Tour bekam ich von unserem Team einen Gutschein für ein iPad geschenkt, was für meinen weiteren Dienst eine große Erleichterung bedeuten würde. Ich war total überwältigt! Ein iPad! Ich konnte es kaum glauben. Sie wollten sich bei mir für die Organisation der Reise und meinen pausenlosen „Rund-um-die-Uhr-Job" des Übersetzens in allen Veranstaltungen und Gesprächen bedanken. Bei acht Leuten im Team war das schon alles sehr intensiv, sodass ich öfter auch noch in meinen Träumen übersetzte. Und sogar als wir wieder zurück in Deutschland waren, ging das Übersetzen von Gesprächen anfangs in meinen Gedanken weiter. So sehr war es Teil von mir geworden. Das war echt lustig. Auf nachfolgenden Reisen versuchten wir dann, wenn irgend möglich, mit zwei Übersetzerinnen unterwegs zu sein, was doch sehr viel entspannter war.

Zurück zum iPad. Ich bekam es in Form eines Gutscheins, den ich dann einige Wochen später einlöste. Freudig strahlend machte ich mich mit meinem nagelneuen, noch eingeschweißten iPad auf den Weg nach Hause. Kurz vorm Schlafengehen packte ich es aus und startete es. Zum Einrichten hatte ich zwar noch keine Zeit, aber ich wollte wenigstens schon mal den Wecker einstellen und mich dann am nächsten Morgen vom iPad wecken lassen. Gesagt, getan. Der Wecker war aktiviert. Ich fiel ins Bett und für alles Weitere war ja auch morgen noch Zeit.

Am nächsten Morgen wachte ich durch ein Lied auf, das ich plötzlich in meiner Wohnung hörte. Ich hatte es gerade erst in Argentinien auf der Reise kennengelernt und es war sofort zu meinem absoluten Lieblingslied geworden. „Komisch, wo kam denn dieses Lied auf einmal her? Hatte ich es gestern irgendwie in der Wohnung gespielt? Hatte ich vielleicht vergessen, meine Musikanlage auszuschalten, sodass sie über Nacht in eine Dauerschleife geraten und selbständig dieses Lied wiederholt hatte?" Aber nein, das ging ja gar nicht. Ich hatte es doch überhaupt nicht auf CD. „Merkwürdig!"

Ich lief durch die ganze Wohnung, um herauszufinden, wo die Musik herkam. Schließlich landete ich wieder in meinem Schlafzimmer und stellte ganz erstaunt fest, dass es aus meinem nagelneuen, bis gestern eingeschweißten iPad kam. Ich schaute es ungläubig an und fragte mich, wie dieses Lied in mein iPad kam. Mir fiel ein, dass ich den Wecker gestellt hatte und schaltete ihn aus. Es wurde ganz still. Hatte das Lied etwas mit dem Wecker zu tun? Es war doch ein nagelneues iPad, auf dem ich noch nichts gespeichert hatte. Ich hatte das Lied auch zuvor noch nie auf meinen anderen Geräten als Wecklied programmiert. Ich hatte an meinem neuem iPad noch absolut nichts gemacht. Nur den Wecker hatte ich aktiviert und war danach schlafen gegangen. Das Teil war also noch absolut „jungfräulich".

Nun schaute ich mir das Gerät aus der Nähe an. Hatte es sich vielleicht aus unerfindlichen Gründen nachts eigenständig synchronisiert? Das hätte ich allerdings als sehr bedenklich empfunden. Aber nein, es war nichts auf der Festplatte. Es hatte noch keinerlei Synchronisation stattgefunden. Es waren noch keinerlei Daten oder Musik übertragen worden. Nach langem Suchen fand ich heraus, dass dieses Lied beim Weckmodus als Weck-Lied eingestellt war. So als wäre es in der Grundausstattung dieses Gerätes vom Werk voreingestellt gewesen.

Ich bekam richtig Gänsehaut. „Gott, das kann doch gar nicht sein, dass mein derzeitiges Lieblingslied ‚Besame' aus Argentinien jetzt zur Grundausstattung des neuen iPads gehört." Ich hatte es gerade erst auf unserer Konferenz kennengelernt. Der Titel „Besame" bedeutet „Küsse mich". Und in diesem Lied geht es darum, wie sehr Gott uns liebt, dass wir für ihn geschaffen sind und auf seinem Schoß sitzend in ihm geborgen sind. Das wäre ja noch ein größeres Wunder, so ein Lied als Grundausstattung!

Jetzt stell dir vor, was ich gemacht habe. Das Ganze ließ mir keine Ruhe. Ich bin in den nächstgelegenen MediaMarkt gefahren, um mir dort die Grundprogrammierung eines neuen iPads anzuschauen. Ich sprach kurz mit einem Verkäufer, weil gerade kein iPad am Kundentresen war, und erzählte ihm, warum ich unbedingt eins brauchte und was ich herausfinden wollte. Er schaute mich mit großen Augen an und sagte: „Nein, so ein Lied ist bestimmt nicht in der Grundeinstellung dieser Geräte. Das ist ja richtig unheimlich. Ich kriege eine Gänsehaut bei dem, was Sie da gerade erzählt haben."

Hier hätte nun ein evangelistischer Einsatz seinen Anfang finden können, aber ich war so auf meine Sherlock-Holmes-Rolle fixiert, dass ich lediglich sagte: „Ja, in der Tat, das ist unheimlich. Und auch ich habe eine Gänsehaut bekommen." Er brachte mir ein Gerät. Wir schauten uns die Programmierung zusammen an. Und wie sollte es anders sein, dieses Lied war natürlich nicht drauf.

Einerseits stirnrunzelnd und andererseits begeistert und innerlich jubelnd, machte ich mich auf den Weg nach Hause.

Mein Vater im Himmel hatte mir doch tatsächlich völlig übernatürlich das Lied auf mein neues iPad gespielt, um seiner kleinen Tochter auf diese Weise einen Kuss aus dem Himmel zu schicken und mir zu zeigen, wie sehr er mich liebte. Er hatte keinen Aufwand und kein Wunder gescheut, mir das einmal mehr zu illustrieren und ins Herz zu schreiben. Wie du dir vorstellen kannst, war ich hin und weg. Gott, der so viele Kinder überall auf der Welt und sicherlich genug ernsthafte Probleme zu lösen hat, nimmt sich die Zeit, sich so etwas Verrücktes auszudenken, um mir einmal mehr seine Liebe zu offenbaren und zu zeigen, dass ich ihm total wichtig bin. Aber das war noch nicht alles.

Am Nachmittag bekam ich von meiner lieben Freundin Karin Hoffmann Besuch aus Hannover. Sie war mit uns zusammen in Argentinien unterwegs gewesen und Mitinitiatorin des Geschenkes. Natürlich erzählte ich ihr sofort, was ich gerade mit dem iPad und dem Lied erlebt hatte. Sie meinte nur schmunzelnd: „Ganz die Handschrift des Vaters."

Ich musste mich noch auf einen „Brückeabend" vorbereiten, um im Rahmen meiner Arbeit „Brücke zu den Nationen" in unserer Gemeinde von den letzten Reisen und Erlebnissen zu berichten. Leider hatte ich noch keinen roten Faden gefunden, was ich genau sagen wollte. Ich wusste nur, die Argentinienreise würde einen Teil des Abends ausmachen.

Karin zog sich noch ein bisschen zurück. Und ich brütete in meinem Arbeitszimmer und wartete auf Inspiration. Um 18:00 Uhr wollten wir in die Gemeinde fahren. Gegen 17:30 Uhr hörte ich plötzlich Musik. „Schon wieder dieses Lied! Wo kommt das denn *jetzt* schon wieder her?" Es kam wieder aus dem iPad, aber diesmal war kein Wecker gestellt. Es spielte einfach so los. Frau Gänsehaut ließ erneut grüßen. Ich hielt die Luft an. „Herr, bist du das?" „Ja, ich wollte dir nur sagen: Entspann dich! Ich bin wie immer mit dir heute Abend und werde dich inspirieren. Rede einfach drauflos!"

Ich war wieder einmal sprachlos. „Vater, du bist unglaublich! Danke, danke, danke! Ich bin total überwältigt! Erst bekomme ich ein iPad geschenkt und dann bekommt es noch ein Autogramm von dir in Form meines Lieblingsliedes. Und nun das noch. Danke für deine Liebeserweise und dass du mich immer wieder neu zum Staunen bringst."

Gott sehnt sich nach Beziehung und Gemeinschaft mit uns, mit seinen Kindern. Und er liebt es, uns mit kleinen Details immer wieder auf sich und seine Liebe für uns aufmerksam zu machen. Er möchte der Mittelpunkt unseres Lebens sein. Oft sind wir so geschäftig unterwegs, dass wir Details, durch die er zu uns reden will, gar nicht wahrnehmen.

Bestimmt hat Gott dich auch schon mal mit etwas überrascht. Vielleicht war es so unscheinbar, dass es dir gar nicht aufgefallen ist? Oder vielleicht hast du es ja bemerkt, warst kurz bewegt, aber dann hast du es wieder vergessen, weil die Routine und das Hamsterrad des Alltags dich wieder übernommen haben?

Es tut so gut, uns immer wieder mal daran zu erinnern, mit welchen Details unser Vater im Himmel uns begegnet ist. Für mich ist das immer wie ein Kuss aus dem Himmel. Gott liebt es, uns zu überraschen und sprachlos zu machen.

Teil II

In persönlichen Zeiten tiefer an sein Herz

15

Der Schöpfer des Universums: unser Vater

Vor einiger Zeit kam im ARD-Fernsehen eine absolut geniale sechsteilige Serie über die Meere mit dem Titel: „Der Blaue Planet". Durch neue Roboterfilmmethoden war es möglich geworden, faszinierende Einblicke in die Tiefen des Meeres und den dort vorhandenen Lebenskreislauf zu gewinnen und diese einem großen Publikum zur Verfügung zu stellen. Die Bilder waren absolut atemberaubend. Was für eine Artenvielfalt an Fischen, Pflanzen und sonstigem Gewusel! Was für eine Farbenpracht! Und wie genial die Nahrungskette dort unten funktioniert, wer wen ernährt und mit welchen spektakulären Taktiken manche Lebewesen versuchen, sich voreinander zu verbergen. Auch spannend zu sehen, wie manche Fische sich strategisch in Gruppen zusammentun, um im Rudel zu jagen.

Es war absolut überwältigend, das alles anzuschauen. Ich dachte: „Gott, du hast dich so ungemein kreativ und verschwenderisch in deiner Schöpfung ausgedrückt und hast sogar unter Wasser bis in die tiefsten Tiefen hinein deinen farbenfrohen Pinsel in atemberaubender Weise geschwungen, obwohl nur ganz wenige Menschen diese Schönheit live genießen können. Das ist wirklich phänomenal!"

Und dann dieser Sternenhimmel. Ich habe einmal in einer sternenklaren Nacht in den Schweizer Bergen total fasziniert in den Himmel geschaut. Er war übersät von einem unendlichen Sternenmeer. Es sah aus, als läge ein ganz dünnes Netz aus Sternen über dem Himmel. Mich überkam richtig Ehrfurcht. Ich stellte mir vor, wie Abraham sich wohl gefühlt haben musste, als Gott in 1. Mose 22, Vers 17 zu ihm sagte:

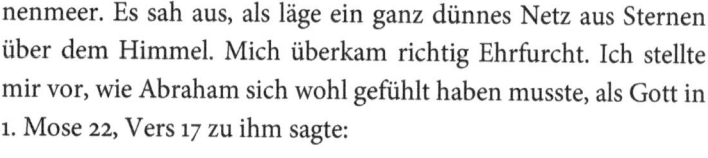

„… darum werde ich dich reichlich segnen und deine Nachkommen überaus zahlreich machen wie die Sterne des Himmels und wie der Sand, der am Ufer des Meeres ist."

Ich fühlte mich da draußen in den Bergen unter diesem gigantischen Himmelszelt einerseits unendlich klein, aber andererseits auch unendlich wertvoll und geliebt. Dieser Gott, der Himmel und Erde auf so beeindruckende, grandiose Art und Weise geschaffen hatte, ist auch mein und dein Schöpfer und sogar noch mehr: Er ist mein Vater, unser Vater! Durch die Wiedergeburt haben wir einen Geist der Kindschaft empfangen, der in uns ruft: „Abba, lieber Vater." Wir sind seine Kinder, wie wir in Galater 4, Vers 6 lesen können. Und in 1. Johannes 1, Vers 3 geht es darum, Gemeinschaft mit dem Vater und dem Sohn zu haben.

Dieser gewaltige Schöpfer des Universums hat uns nicht nur in die Welt gesetzt, damit ein paar Menschenwesen auf der Erde herumwuseln, sondern er hat wirklich Interesse an uns. Er kennt uns im Detail. Er hat sogar alle Haare auf unserem Haupt gezählt, wie uns Lukas in Kapitel 12, Vers 7 berichtet. Gott redet zu uns. Er verheißt uns Dinge, die wir im Glauben von ihm empfangen dürfen, um dann zu erleben, wie sie irgendwann Realität werden. Wir sind sein Herzensgedanke. Wir sind ihm wichtig. Er ist unser Erlöser, unser Heiler, unser Versorger, unser Ratgeber. Er möchte alles in allem für uns sein.

Fühlst du dich vielleicht manchmal klein und unbedeutend und fragst dich, ob Gott dich überhaupt sieht? Ja, der Schöpfer des Universums, der dich wunderbar geschaffen hat, er sieht dich. Er sieht dich an mit Augen voller Liebe. Er kennt dich, kennt alle deine Kämpfe. Er freut sich, wenn du ihm deine Zeit gibst, seine Nähe suchst, ihn Anteil haben lässt an deinen Sorgen und Nöten, dein Herz vor ihm ausschüttest.

Er ist mit dir! Jesus ermutigt uns:

....

„Kommt her zu mir alle, die ihr mühselig und beladen seid, so will ich euch erquicken!" (Matthäus 11,28)

....

Auch uns Menschen hat Gott mit seiner Meisterhandschrift geschaffen. Wir sind in seinem Herzen entstanden, bevor wir das Licht der Welt erblickt haben, wie wir in Psalm 139, Verse 13–16 lesen. Und auch in uns spiegelt sich seine verschwenderische Kreativität wieder. Schau dich mal um in der Welt. Es gibt so viele verschiedene Nationen und Volksgruppen. Wir sehen alle etwas anders aus, unterscheiden uns zum Beispiel von der Hautfarbe voneinander, „ticken" ein bisschen unterschiedlich und sprechen je nach Herkunftsland auch noch verschiedene Sprachen und innerhalb der Länder unterschiedliche Dialekte.

Das Faszinierende an all dem: Wenn wir Jesus in unser Leben eingeladen haben, werden wir Gottes Kinder und Teil seiner internationalen Familie. Wir haben dann überall auf der Welt Geschwister. Aber trotz der vielen Geschwister können wir uns alle gleichzeitig mit Gott unterhalten. Wir brauchen auch nicht erst ein Geschwisterkind von seinem Schoß zu ziehen, bevor wir mal darauf sitzen können und endlich seine Aufmerksamkeit bekommen. Sein Schoß ist groß genug für uns alle.

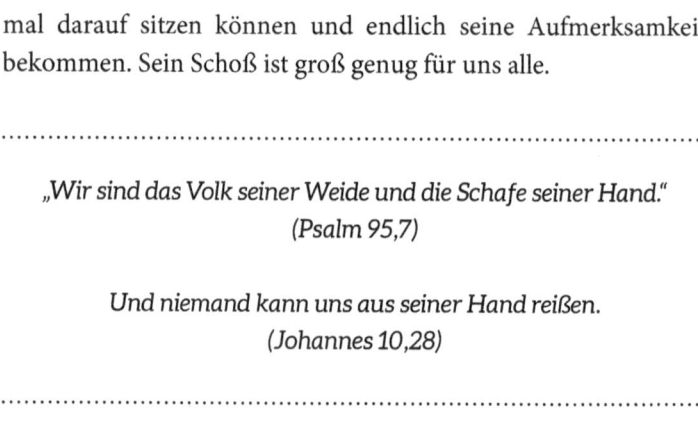

„Wir sind das Volk seiner Weide und die Schafe seiner Hand."
(Psalm 95,7)

Und niemand kann uns aus seiner Hand reißen.
(Johannes 10,28)

Wenn wir schon in seine Hand passen, dann versuch dir mal vorzustellen, wie groß sein Schoß ist.

Und auch wenn wir alle gleichzeitig auf ihn einreden, haben wir dennoch jeder seine ungeteilte Aufmerksamkeit. Er hört uns allen im Detail zu. Und er vergisst die Nöte und Probleme nicht, die wir ihm erzählt haben. Er bringt auch unsere persönlichen Lebensgeschichten und Anliegen nicht durcheinander oder etwa das zeitliche Timing der benötigten Gebetserhörungen. Er redet auch immer in der richtigen Sprache mit uns. Ist das nicht gewaltig?

Manchmal staunen wir vielleicht, wenn wir jemanden kennenlernen, der zum Beispiel einen König oder Präsidenten eines Landes kennt oder sonst eine andere Berühmtheit. Aber als Kinder Gottes kennen wir den Schöpfer des Universums, der die Erde und auch uns mit unermesslicher Liebe und Kreativität geschaffen hat. Er ist der König aller Könige, der Herr aller Herrn. Und er ist unser Vater.

Gott sagt uns, sagt dir: „Fürchte dich nicht! Ich bin mit dir!"

Wenn negative Gedanken anfangen wollen, auf unserer Seele Klavier zu spielen, wenn vielleicht Nöte und Ängste uns runterziehen wollen, lasst uns unseren Blick immer wieder auf diesen wunderbaren Gott richten. Wir sind sein Herzstück. Er freut sich an uns. Er ist mit uns. Vor wem oder was sollten wir uns fürchten?

16

Gott liebt es, mit uns zusammen zu sein

*„Die Gnade des Herrn Jesus Christus und die Liebe Gottes und
die Gemeinschaft des Heiligen Geistes sei mit euch allen!",
heißt es in 2. Korinther 13, Vers 13.*

*Und in 1. Johannes 1, Vers 3b lesen wir:
„... und unsere Gemeinschaft ist mit dem Vater
und mit seinem Sohn Jesus Christus."*

....

Gott liebt die Gemeinschaft mit uns. Wir sind zur Gemeinschaft
mit ihm geschaffen. Zuerst wandelte er mit Adam und Eva im
Garten Eden (1. Mose 3,8), bis sie durch den Sündenfall von der
Gegenwart Gottes getrennt wurden. Später begegnete Gott immer
wieder sporadisch einzelnen Menschen im Alten Testament,
wie z. B. Mose, Abraham und David. Sie wurden als „Freunde
Gottes" und David sogar als „Mann nach Gottes Herzen" bekannt.
Schließlich schickte Gott seinen Sohn Jesus auf die Erde, um als
Mensch mit uns Menschen in täglicher Gemeinschaft leben zu
können. Und dann stellte Jesus uns den himmlischen Vater vor:

....

„Wer mich gesehen hat, der hat den Vater gesehen."
(Johannes 14,9)

In Johannes 14, Vers 6 sagt Jesus:
„Ich bin der Weg und die Wahrheit und das Leben;
niemand kommt zum Vater als nur durch mich."

Das bedeutet, der Vater möchte, dass wir zu ihm kommen. Und dies geschieht durch Jesus. Er hat den Weg für uns freigemacht. Er bringt uns zum Vater.

Wenn wir Jesus in unser Leben eingeladen haben, geschieht in uns ein Wunder nach dem anderen. Wir werden eine neue Schöpfung (2. Korinther 5,17). Wir werden zu Kindern Gottes. Gott gibt uns einen Geist der Kindschaft, damit wir ihn „Abba-Vater", Daddy, Papa, nennen (Römer 8,15). Gott hat diese Sehnsucht selber in uns hineingelegt. Als Jesus dann nach der Auferstehung zum Vater ging, bat er ihn, den Heiligen Geist zu senden, damit er in uns wohnt und wir einen Beistand haben (Johannes 14,16). Gott ist einen langen Weg mit uns Menschen gegangen, um uns ganz nahe sein zu können, uns in seine Familie zurückzuholen und mit uns Gemeinschaft zu haben.

Wenn wir Gott unser Leben übergeben, wächst eine Sehnsucht in unserem Herzen, mehr über Gott zu erfahren und wir beginnen in der Bibel zu lesen, vielleicht sogar in ihr zu forschen und zu beten. Wir lernen immer mehr über Gott, den Vater, über Jesus, seinen Sohn und über den Heiligen Geist und entdecken durch sein Wort, wie sehr er uns liebt. Über die Jahre kann es dann aber auch schon mal passieren, dass unsere anfängliche Begeisterung an diesen Zeiten mit Gott und seinem Wort verloren geht, weil sie vielleicht zur Routine geworden sind. Aber eigentlich geht es um viel mehr als nur ums Bibellesen oder darum, Gebetsanliegen vor Gott zu bringen.

Vor kurzem fand ich meine erste Gebetsliste aus der Zeit, als ich vor mehr als 30 Jahren mein Leben in Gottes Hände gelegt hatte. Die Liste war in sieben Tage aufgeteilt und pro Tag mit etwa 20–30 verschiedenen Anliegen versehen, die ich monatelang treu durchgebetet hatte. Als ich sie wiederfand, sah ich vor meinen inneren Augen Gottes liebevoll schmunzelndes Gesicht. Ich hatte den Eindruck, dass diese Liste sowie meine an den Tag gelegte Treue im täglichen Durchbeten aller Anliegen, für ihn damals ganz kostbar waren und sein Herz tief berührten.

Gott sehnt sich nach Gemeinschaft mit uns. Er möchte mit uns Zeit verbringen und freut sich, wenn wir ihm etwas von unserer Zeit schenken. Wir können in unserer „Stillen Zeit", wie wir unsere Zeit mit Gott manchmal nennen, in seinem Wort, der Bibel, ein Kapitel nach dem anderen lesen, vielleicht sogar einem Bibelleseplan folgen und die Kapitel oder den Bibelleseplan treu wie ein „Programm" abarbeiten. Dabei sammeln wir viele Informationen über Gott und die Geschehnisse der Bibel. Dem einen macht das viel Spaß, der andere empfindet es vielleicht eher als „Pflichtlektüre", da Bibellesen als Christ ja „dazugehört".

Oder aber wir stellen uns vor, dass diese „Stille Zeit" – nennen wir sie doch besser „Unsere Zeit mit Gott" – das tägliche Rendezvous mit unserem Liebhaber ist und fangen an, die Bibel als seinen Liebesbrief zu lesen. Dann kann unsere Zeit mit Gott zu einem spannenden Dialog werden.

Vielleicht hast du, ähnlich wie ich, am Morgen deine Zeit mit Gott. Ich beginne sie dann zum Beispiel so: „Guten Morgen, Vater, guten Morgen, Jesus, guten Morgen, Heiliger Geist! Danke, dass ihr da seid. Danke, dass ich mit euch leben darf. Danke, dass ich jetzt Zeit haben darf mit euch. Gott, bitte rede zu mir durch dein Wort. Berühre mein Herz, offenbare dich mir ganz neu. Tauch mich ein in deine Liebe. – Ich liebe dich. Du bist sooo wunderbar! – Danke, dass du, der Schöpfer des Universums, dir Zeit für mich nimmst und dass du heute Morgen schon auf mich gewartet hast! Was möchtest du mir heute sagen?"

Und dann wird die Bibel zum spannendsten Buch der Welt und ist keine Pflichtlektüre mehr. Gott spricht durch sein Wort direkt in unser Leben und unser Herz hinein.

Lass doch die Zeit mit Gott am Morgen, oder falls du abends noch fit bist, dann am Abend, zu einer Zeit werden, in der du dich mit deinem Liebhaber triffst. Eine Zeit der tiefen Herzensbegegnung. Bei ihm finden wir Ruhe für unsere Seelen. Er füllt uns mit Weisheit für schwierige Lebenssituationen. Bei ihm können wir auch alle Sorgen, Lasten, Probleme und Nöte ablegen und uns Rat und Hilfe holen. Er zeigt uns den Weg nach vorne. Er ist unser größter Ermutiger. Er ist immer für uns! Ab und an korrigiert er uns auch. Aber wenn er uns korrigiert, tut er es liebevoll, ohne jegliche Verdammnis. In seiner Gegenwart, vor seinem Angesicht, werden wir verwandelt in sein Bild (2. Korinther 3,18). Das geschieht ganz nebenbei. Bei ihm sind wir geborgen. Er ist unser guter Hirte und führt uns auf fette grüne Wiesen und an stille Wasser (Psalm 23). Er ruft uns in eine tiefere Gemeinschaft hinein als wir sie bislang erlebt haben. Er möchte uns ganz nahe sein und uns in diesen Zeiten wirklich begegnen und beglücken. In Psalm 16, Vers 11 (ELB) heißt es:

....

„Du wirst mir kundtun den Weg des Lebens;
Fülle von Freuden ist vor deinem Angesicht,
Lieblichkeiten in deiner Rechten immerdar."

....

Wenn wir Zeit mit ihm verbringen, bekommen wir immer seine ungeteilte Aufmerksamkeit, die wir vielleicht bei unserem irdischen Vater nie hatten. Aber Gott ist da ganz anders. Er hört uns zu und freut sich, wenn wir ihm dann auch Zeit zum Antworten geben. Mir ist aufgefallen, dass ich ihm oft ganz viel erzähle. Dann schaue ich plötzlich auf die Uhr und denke: Hilfe, ich muss los! Ich sage schnell noch: „Sorry, Gott, die Zeit ist so schnell verflogen. Ich muss los, bis später. Tschüss!" – „Schade, ich hätte auch gerne noch was gesagt!" – Ich hatte Gott mal wieder mit meinem Monolog völlig zugetextet, und die Zeit war verflogen, bevor ich ihn zu Wort kommen ließ. Geht dir das auch manchmal so? Dann sehe ich meinen Papa im Himmel wieder mal schmunzelnd auf sein Töchterchen blicken!

Vielleicht hast du deine „Zeiten" mit Gott bislang eher als langweilig oder frustrierend empfunden. Vielleicht hast du es nicht hinbekommen, sie überhaupt irgendwie in deinen vollen Alltag einzubauen. Möglicherweise hast du sie auch schon seit längerer Zeit ganz vergessen und liest vielleicht gar nicht mehr in der Bibel, wünscht dir aber sehnlichst, dass sich das ändert.

Dann bitte doch den Heiligen Geist, dir ein neues Verlangen nach einer tieferen Begegnung mit ihm zu geben und dir zu helfen, Zeit für ein „Treffen" mit deinem Liebhaber zu finden, damit du dich wieder neu in ihn verlieben kannst. Er will dich mit seiner Liebe ganz neu berühren und entzünden. Er wird das nur zu gerne tun!

Und falls du dich nicht traust, vor Gott zu kommen, weil du vielleicht ein schlechtes Gewissen hast und denkst, du müsstest jetzt erstmal etwas gut machen oder leisten, bevor Gott dich wieder liebt, dann möchte ich dir zusprechen: Gott ist ein Gott voller Liebe und Gnade.

Dein himmlischer Vater wartet mit ausgebreiteten Armen auf dich und freut sich, wenn du dich wieder ganz neu nach ihm ausstreckst.

17

Unser Herz, sicher und geborgen bei ihm

Gott sehnt sich nach Gemeinschaft mit uns. Er sehnt sich nach Beziehung und gegenseitigem Herzensaustausch. Wenn wir ihn suchen, dürfen wir wissen, dass er sich uns nahen wird (Jakobus 4,8). Aber eigentlich ist Gott nicht derjenige, der sich von uns entfernt. Wir erleben ihn vielleicht als fern, wenn wir nicht mehr in seinem Wort lesen, nicht mehr beten, keine Zeit mehr in seiner Gegenwart verbringen, nicht mehr in die Gemeinde gehen oder uns in Sünde verstrickt haben und fragen dann: „Gott, wo bist Du? Bist du noch da?" Aber wenn wir uns ihm nahen, werden wir erleben, dass er sich uns naht. Vor seinem Angesicht werden wir mit Freude erfüllt und in sein Bild verwandelt. Und in seiner Gegenwart werden Ketten und Bindungen gesprengt, die uns das Leben schwermachen.

Bei ihm sind wir sicher und geborgen. Er wacht über uns. Er heilt und befreit uns. Wir können ihm das Kostbarste, was wir besitzen, das verletzlichste Gut, das wir haben, anvertrauen: unser Herz. Es gibt nur einen Ort, an dem unser Herz wirklich sicher ist: bei ihm. Wir dürfen es in Gottes liebevolle Hände legen. Wir dürfen ihm unsere Wunden übergeben, unsere Verletzungen, Frustrationen, Enttäuschungen, Ängste, unsere Wut, alles, was uns beschwert, in die Ecke drängt, die Luft zum Atmen nimmt, alles, was uns ein glückliches Leben vermiest.

Von David können wir in den Psalmen lernen, unser Herz vor Gott auszuschütten und ihm zu erlauben, unser Herz zu berühren, zu heilen, wiederherzustellen. Bei ihm ist es sicher. Bei ihm sind wir, bist *du* sicher.

„Das geknickte Rohr wird er nicht zerbrechen, und den glimmenden Docht wird er nicht auslöschen." (Jesaja 42,3)

Wir sind der Ton und er ist unser Töpfer. (Jesaja 64,7)

Ein Töpfer ist ein Meister im liebevollen Bearbeiten von Ton und Reparieren von beschädigten Tongefäßen.

Er ist unser Vater und kennt uns in- und auswendig. Er kennt alle unsere Nöte, alles, was uns bedrängt. Und er hat eine Lösung für alles. Er hat einen Ausweg aus dem Labyrinth, in dem wir vielleicht gerade stecken, und Heilung für unser verwundetes Herz.

Vielleicht spricht dich das gerade sehr an, dann vertraue ihm dein Herz an. Leg es in seine Hände und bitte ihn um Heilung und Wiederherstellung. Gott liebt dich und möchte dir unbedingt begegnen und dir helfen.

Teil III

Erlebnisse aus Zeiten der argentinischen Erweckungsbewegung der 1990er Jahre

Als ich mich 1987 in England bekehrte, hätte ich mir nie träumen lassen, dass mich Gottes Wege eines Tages nach Argentinien führen würden. Von England ging es dann erstmal für wenige Wochen nach Berlin und danach für sechs Monate nach Spanien. Während meiner Zeit damals in Burgos fing ich an, mir Gedanken darüber zu machen, ob man Gott wohl auch noch in anderen Nationen begegnen kann. Anfangs hatte ich ja gedacht, dass er nur in England lebt, weil ich in Deutschland nie von einem auferstandenen Jesus gehört hatte, dem man begegnen und den man sogar kennenlernen konnte. Dann war ich in Spanien und auch dort gab es eine lebendige christliche Gemeinde. So war meine Frage: „Herr, was tust du denn sonst noch so auf der Welt?"

Diese Sehnsucht, seinem Wirken auch in anderen Nationen nachzuspüren, entpuppte sich über die Jahre als Berufung. Gott fing an, mir viele Türen in die unterschiedlichsten Nationen zu öffnen und mich vor allem mit Pastoren und Leitern der argentinischen Erweckungsbewegung der 1990er Jahre zusammenzuführen. So begann mein Dienst als Kundschafterin, Berichterstatterin und Brückenbauerin.

Ich verbrachte ab Sommer 1994 über viele Jahre hinweg immer wieder kürzere und längere Zeiten in der Gemeinde „Rey de Reyes" („König der Könige") in Buenos Aires. Gott hatte mich auf sehr außergewöhnlichem Weg im Juli 1993, während meines ersten Gottesdienstbesuchs in dieser Gemeinde, mit ihren Pastoren Betty und Claudio Freidzon zusammengebracht und unsere Herzen miteinander verbunden. Daraufhin durfte ich dann gleich zum „Türöffner" für ihren ersten Dienst in Deutschland werden.

Nur sechs Wochen später kamen sie zu uns nach Berlin in die Gemeinde und Gott wirkte mächtig unter uns. Später habe ich sie dann auch immer wieder auf Konferenzen übersetzt.

In den folgenden Kapiteln möchte ich dich mit hineinnehmen in diese spannenden Zeiten von Gottes unvergesslichem Wirken in den Gottesdiensten der Gemeinde „Rey de Reyes" und auch an meinem eigenen Herzen.

18

Wenn Gottes Gegenwart sich auf der Versammlung lagert

Es waren wirklich ganz besondere Augenblicke der Gegenwart Gottes, die ich damals während der Gottesdienste in den 1990er Jahren erlebte. Claudio und Betty hatten mich eingeladen, einige Monate bei ihnen in der Gemeinde zu verbringen und in die Erweckung einzutauchen, die sie seit kurzem erlebten.

Sie befanden sich mitten in einer neuen Ausgießung des Heiligen Geistes. Die Gottesdienste waren durchtränkt von Gottes manifester Gegenwart. Ich hatte so etwas noch nie zuvor erlebt. Der Heilige Geist lagerte sich meist intensiv auf den Versammlungen und man wusste nie, wie lange die Gottesdienste dauerten und wie sie verlaufen würden. Die Anfangszeiten schienen völlig fließend zu sein und sich dem Gottesdienst-Geschehen anzupassen. Ich besuchte samstags und sonntags meistens hintereinander weg alle drei bis vier Nachmittags- und Abend-Gottesdienste. Zum einen war ich tief bewegt von Gottes Wirken, so dass ich nichts verpassen wollte, und zum anderen wollte ich auch wissen, ob sich die Gottesdienste voneinander unterschieden. Meist endeten sie dann gegen 1:00/2:00 Uhr morgens, sodass ich müde aber glücklich schließlich gegen 3:00 Uhr ins Bett fiel. Ich war so dankbar, dass es immer einen lieben Mitarbeiter von Claudio gab, der mich auf seinem Heimweg mitnahm und bei mir zu Hause absetzte.

Die Gottesdienste verliefen immer anders. Manchmal fielen Teile des Musikteams aus, weil sie wegen der Intensität von Gottes Gegenwart nicht mehr spielen oder singen konnten. Es kam auch vor, dass Claudio kaum mehr predigen konnte, weil die Gegenwart des Heiligen Geistes so stark war.

Manchmal kam eine scheinbar nicht enden wollende Lachsalbung auf die Versammlung. Einige Menschen fielen vor Lachen von den Stühlen. Ich erinnere mich, dass mir oft der Kiefer vom vielen Lachen so weh tat, dass ich ihn mit den Händen festhielt und dachte: „Hilfe, ich kann nicht mehr!"

Das tat sooo gut! Lachen ohne Ende. Wer vorher deprimiert oder frustriert in die Gemeinde gekommen war, schwebte nach so einer „Lachkur" in der Gegenwart Gottes anschließend völlig entspannt auf „Wolke 7" nach Hause. Die Probleme und Sorgen hatten sich in ihrer bedrohlichen Größe sehr minimiert. „Wenn Gott mit uns ist, wer kann da schon gegen uns sein? Probleme, Sorgen, ich lege euch in Gottes Hände. Der Herr ist für mich und mit mir und er wird sich um euch kümmern!" Viele gingen wie runderneuert nach Hause.

Manchmal lagen wir auf unserem Angesicht vor Gott. Ich erinnere mich an einen Abend, an dem die Gegenwart Gottes sich sehr spürbar auf uns lagerte. Sie war so stark, dass ich mich nicht mehr auf den Beinen halten konnte. Ich lag gefühlt den ganzen Gottesdienst über wie angenagelt am Boden und konnte mich nicht mehr rühren. Die Gegenwart Gottes lag wie ein schweres Gewicht auf mir. Ich traute mich fast nicht zu atmen: „Heiliger Geist, bitte geh nie wieder weg. Lass diesen Augenblick nie wieder aufhören!" Es war unbeschreiblich. Ich hatte noch nie in meinem Leben so eine intensive Gegenwart Gottes in einer Versammlung erlebt. Es tat so gut und war so überwältigend. Der Schöpfer des Universums war plötzlich in nie erlebter Intensität durch seinen Heiligen Geist mitten unter uns. Ich wurde von tiefer Ehrfurcht ergriffen.

Jesus, unser Herr und König, und gleichzeitig unser Bräutigam und Freund, tauchte uns durch seinen Heiligen Geist an manchen Tagen regelrecht in Lachsalven ein, wodurch viele Menschen starke Herzensveränderungen und Heilungen an Körper und Seele erlebten. An anderen Tagen kam der Herr mit seiner Herrlichkeit, die sich wie ein wohltuendes Gewicht auf uns lagerte und uns völlig sprachlos machte. In solchen Momenten flehte ich innerlich: „Lass uns jetzt bloß nichts tun, was ihn betrüben könnte, damit sich seine Gegenwart nicht wieder hebt."

Für die Pastoren waren diese Zeiten immer wunderbare und gleichzeitig herausfordernde Momente. Man muss es als Pastor erstmal aushalten können, auf dem Boden zu liegen und nichts zu tun. „Wie lange gebe ich mich da hinein? Muss der Gottesdienst nicht weiterlaufen?" Diese Spannung auszuhalten, einzutauchen in sein Wirken, sich immer tiefer mit hineinnehmen zu lassen und zu genießen, was Gott gerade tut. Und gleichzeitig in allem zu erspüren, wann und wie der Heilige Geist weitergehen möchte. Willig zu sein, die eigene Gottesdienst-Agenda beiseitezulegen und Gott zu erlauben, die Gottesdienst- bzw. Versammlungsroutine zu unterbrechen. „Gott, ich übergebe dir den ganzen Gottesdienst. Tu, was du auf dem Herzen hast. Und hilf mir, dass ich dir dabei nicht im Wege stehe."

Merken wir, wenn Gott in unsere Versammlungen, in unsere Gottesdienste kommt und geben wir ihm Raum oder folgen wir unserem normalen Ablaufplan? Er möchte sich in unserer Mitte lagern. Er sucht die Gemeinschaft mit uns. Passt er hinein in unser Programm, in unsere Vorstellungen darüber, wie was zu laufen hat? Wie sieht es in unseren persönlichen Zeiten allein mit Gott aus?

Es gibt nichts Schöneres, nichts Erfüllenderes, als wenn er kommt in seiner Herrlichkeit, wenn er sich unter uns lagert und uns in seiner Gegenwart sprachlos werden lässt.

„Herr, komm mit deiner manifesten Herrlichkeit, tauch uns ein in deine Gegenwart während unserer persönlichen Zeiten mit dir, in unseren Hauskreisen, Versammlungen, Gottesdiensten. Lehre uns, dir Raum zu geben, damit du dich unter uns ausbreiten kannst. Hilf uns, dass wir uns Zeit nehmen, auf dich zu warten und zu erkennen, wenn du kommst. Hilf uns, deine Hand zu ergreifen und uns tiefer in den Strom deiner Gegenwart hineinnehmen zu lassen. Wir sehnen uns nach mehr von dir! Erwecke unsere Herzen."

19

Der „erste" Kuss

D u fragst dich jetzt wahrscheinlich, über was für einen „ersten" Kuss ich sprechen werde. Ich schreibe nicht über den ersten Kuss, an den *du* vielleicht gerade denkst, wenn du diese Überschrift liest, sondern von einem ganz speziellen Erlebnis im Rahmen eines Gottesdienstes der Gemeinde „Rey de Reyes" in Buenos Aires.

Claudio hatte Sam Hinn, einen Bruder von Benny Hinn, als Gastsprecher eingeladen. Ich hatte ihn schon am Vorabend in einer befreundeten Gemeinde in Quilmes, einem Vorort von Buenos Aires, kennengelernt. Zu diesem Zeitpunkt (1996) war ich für zwei Monate in Claudios Gemeinde, wollte aber gerne auch andere Gemeinden kennenlernen, um zu sehen, wie Gott dort wirkte. Deshalb hatte mich Claudio in die Gemeinde von Pastor Ibarra nach Quilmes geschickt, in der Sam am Vorabend diente. Da sollte ich die Gelegenheit wahrnehmen, ihn schon mal zu hören und ein bisschen kennenzulernen. Am Abend würde uns jemand aus der Gemeinde dann zusammen nach Buenos Aires zurückbringen. Das war genial, denn auf der langen Rückfahrt hatte ich noch ausgiebig Gelegenheit, mich intensiv mit Sam zu unterhalten und ihm alle möglichen Fragen zu stellen, von denen ich immer genügend auf Lager hatte. Sam predigte dann noch an zwei weiteren Tagen bei „uns" in der Gemeinde „Rey de Reyes". Sie war inzwischen zu meiner „argentinischen" Heimatgemeinde geworden.

An einem der Abende sprach er darüber, wie sehr sich Gott nach Gemeinschaft mit uns sehnt. Gott sucht Freunde und lädt uns ein, vor sein Angesicht zu kommen und in seiner Gegenwart verwandelt zu werden. Sam sprach über die Liebesbeziehung von Braut und Bräutigam, von Nähe zueinander und vieles mehr in dieser Richtung. Und dann forderte er uns auf, etwas zusammen als Versammlung zu tun, wozu ich aber erstmal nicht bereit war. Ich dachte: „Oh nein, diese Amerikaner! Das ist wieder so typisch!" Nein, ich hatte keine Vorurteile, oder vielleicht doch? Sam wollte nämlich bis drei zählen und dann sollten wir Jesus alle gemeinsam als Versammlung einen Kuss zuwerfen. Ich dachte: „So was Klischeehaftes werde ich nicht machen. Das ist mir zu albern. Das können sie alleine machen." Ich hatte mich innerlich gleich ausgeklinkt. Es passte einfach nicht in mein deutsches Denken und zu dem, was ich aus meiner Heimatgemeinde kannte. Und weil es mir fremd war, wollte ich mich nicht darauf einlassen.

Vielleicht geht es dir ja auch manchmal so, wenn du etwas Neues, bisher Unbekanntes, im Gottesdienst hörst und erlebst, was du zuvor noch nicht so kanntest. Wenn etwas nicht in deine Theologie passt oder auch einfach nicht zu deinem Typ, wie du mit bestimmten Dingen umgehst. Oder es passt nicht in deine Gefühlswelt.

Als Sam anfing zu zählen: „eins", Pause, „zwei", Pause, war ich innerlich am Kämpfen. Ich dachte plötzlich: „Ich finde das jetzt alles völlig abgefahren und kitschig, aber vielleicht ist der Herr doch da drin? Und wenn Sam jetzt ,drei' sagt, und alle anderen werfen Jesus einen Kuss zu, nur ich nicht, dann ,steh ich draußen', während die anderen vielleicht ein mega Erlebnis mit dem Herrn haben."

In letzter Sekunde entschied ich mich um. Als Sam dann „drei" sagte, warf auch ich Jesus einen Kuss zu, so wie alle anderen. Es war gar nicht so schlimm gewesen. Wir waren ca. 1000 Leute in der Versammlung und hörten gefühlt 1000 Küsse. Und dann bat Sam uns, das Gleiche nochmal zu tun. Er würde wieder bis drei zählen und dann sollten wir Jesus nochmal einen Kuss zuwerfen. „Ach komm, das haben wir doch nun schon einmal hinter uns gebracht. Warum denn noch ein zweites Mal? Muss das sein? Aber okay, dann eben noch ein zweites Mal." Beim zweiten Mal hörte man gefühlt nur noch ca. 500 verschiedene Küsse. Und wie sollte es anders sein, wir sollten ihm noch einen dritten Kuss zuwerfen. „Na gut, aller guten Dinge sind drei. Das bekomme ich auch noch hin." Sam zählte wieder: „eins", Pause, „zwei", Pause, „drei"! – Wow! – Bei „drei" warfen wir Jesus gefühlt alle zeitgleich gemeinsam einen riesigen Kuss zu!

In dem Moment kam Gottes Gegenwart so stark und spürbar auf uns, dass es mucksmäuschenstill wurde. Man hätte eine Stecknadel zu Boden fallen hören können. Seine Herrlichkeit lagerte sich auf uns! Gott kam in seiner Liebe, seiner Majestät, seiner Herrlichkeit mitten in unsere Versammlung. – Stille – Gott war da, mitten unter uns!

Beinahe hätte ich aufgrund meiner eigenen engen Vorstellung, wie Sachen so zu geschehen haben, was man in einem Gottesdienst tut und was nicht, und weil ich das „Küsse-Zuwerfen" als etwas amerikanisch Kitschiges empfand, außen vorgestanden und alles nur bewertend als Zuschauer beobachtet. Dann hätte ich persönlich überhaupt nichts erlebt!

....

„Gott, hilf mir, hilf uns, für dein Wirken offen und sensibel zu sein, damit wir nicht im entscheidenden Moment vielleicht als Beobachter und Zuschauer danebenstehen, wenn du kommst und uns begegnen möchtest!"

....

Diese Erfahrung an dem Abend, wie sehr Jesus sich darüber gefreut hatte, dass wir ihm gemeinsam einen Kuss zuwarfen und dann zwei und drei Küsse, hatte mich tief bewegt. Und Jesus kam auf uns als ganze Versammlung, obwohl es ja sogar nur „Küsse auf Kommando" gewesen waren. Aber wir hatten dennoch sein Herz berührt.

Seitdem habe ich auch in meiner persönlichen Zeit dem Liebhaber meiner Seele viele Herzensküsse zugeworfen und ihm dazu noch Liebeserklärungen gemacht. Und ich darf immer wieder spüren, wie sehr ihn das freut. Versuchs doch auch mal!

20

Das „verrückte" Opfer

E s war wieder einer dieser speziellen Gottesdienste bei Claudio, in denen der Heilige Geist die Regie übernahm. Diesmal illustrierte Gott uns, was einen „fröhlichen Geber" ausmacht.

Wir hatten schon eine ziemlich lange Zeit der tiefen Anbetung hinter uns, als das Opfer eingesammelt werden sollte. Die Ordner gingen nach vorne zur Bühne und stellten sich mit uns zugewandten Gesichtern in einer Reihe nebeneinander auf. In den Armen hielten sie große, mit einem goldenen Band versehene, richtig edel aussehende Eimer. Plötzlich fing die Reihe an, ins Schwanken zu geraten. Die Ordner neigten sich im Zeitlupentempo nach rechts und konnten sich nur noch mit Mühe auf den Beinen halten. Der ein oder andere von ihnen fing an, leise vor sich hin zu kichern, bis einige immer lauter wurden und dann lauthals losprusteten.

Wir schauten sie ganz erstaunt an. Was war denn mit denen los? Ich dachte: „Wie können die denn so losalbern? Das Einsammeln des Opfers ist doch etwas Heiliges, Ehrfürchtiges. Dabei kann man sich doch nicht so gehen lassen und schlapp lachen." Plötzlich kicherte auch der ein oder andere Gottesdienstbesucher, bis es im Saal immer lauter wurde und Gelächter von allen Seiten zu hören war. Die Ordner und viele andere begannen herzhaft zu lachen. Mich hatte es inzwischen auch erwischt. Claudio sah sich das Ganze sichtlich amüsiert an und gab dann das Startzeichen, dass seine Ordner losgehen könnten, um das Opfer einzusammeln.

Einige der Ordner konnten sich, da sie sich nun nicht mehr an der Bühne anlehnen konnten, kaum mehr auf den Beinen halten und bewegten sich wie Betrunkene auf die Gänge zwischen den Sitzreihen zu. Andere fingen an, sich hüpfend vorwärts zu bewegen. So etwas hatte ich noch nie erlebt. Nach einer Weile wieherte die ganze Versammlung vor Lachen und viele hielten sich vor Schmerzen die Bäuche. Hast du schon mal so intensiv gelacht, dass dir alles weh getan hat? Wie schon gesagt, bei mir ist es immer der Kiefer, der zu schmerzen beginnt, sodass ich denke: „Hilfe, ich kann nicht mehr! Mir tut schon alles weh vor Lachen."

Aber es sollte noch besser kommen. Als die Ordner am Ende des Saals angekommen waren, drehten sie sich um, um nach vorne zur Bühne zurückzukommen. Dort stellten sie sich normalerweise nach der Sammlung alle wieder in einer Reihe auf. Und dann wurden das Opfer sowie die Geber zum Abschluss gesegnet. Aber diesmal war das mit dem Zurückkommen zur Bühne gar nicht so einfach.

Die „betrunkenen" Ordner torkelten langsam zurück. Dabei hielten sie sich immer wieder an den Sitzreihen fest, um einerseits ihre Eimer festzuhalten und andererseits sich selbst auf den Beinen zu halten. Einige von ihnen waren unter eine „Hüpf-Salbung" gekommen. Jedes Mal wenn sie hüpften, kamen durch den „Hüpfschwung" auch ihre Arme sowie das eingesammelte Geld in den Eimern in Bewegung. So mancher Schein, so manches Geldstück hüpften auf diese Weise wieder aus den Eimern heraus. Als die Ordner sich dann auf den Bereich vor der Bühne zubewegten, schien es eine unsichtbare Linie zu geben. Wann immer einer von ihnen diese Linie überschritt, fiel er einfach um und der Eimerinhalt verteilte sich auf dem Boden.

Die Versammlung grölte vor Lachen und hatte großen Spaß. Es war einfach unglaublich, was hier gerade passierte. Es dauerte eine ganze Weile, bis sich die Ordner wieder mehr oder weniger gesammelt, sortiert und ihre Eimer gefüllt hatten und sich dann dank der Bühne als Halt im Rücken erneut vorne aufstellen konnten.

Das Opfer bekam an diesem Tag noch einen ganz speziellen Freudensegen mit und dann gingen die Ordner, bemüht auf den Beinen zu bleiben, langsam in einen Nebenraum, wo das Opfer gezählt wurde. Ich dachte so bei mir, dass das wahrscheinlich das schlechteste Opfer war, was sie je eingesammelt hatten, weil wir so vom Lachen durchgeschüttelt worden waren und viele deshalb bestimmt vergessen hatten zu geben. Aber genau das Gegenteil war passiert. Es war ein äußert gutes Opfer! „Genial, so ist unser Gott."

....

Gott liebt den fröhlichen Geber. (2. Korinther 9,7)

....

Das hatte er uns in diesem Gottesdienst auf eine sehr außergewöhnliche Art und Weise ausgiebig vor Augen gemalt: Er hatte einfach den Geist der Freude über uns ausgegossen.

Ein unvergesslicher Gottesdienst – ein unvergessliches Opfer!

21

Das ist „mein" Ring

W ann immer ich in Buenos Aires war, liebte ich es, zur „Librería Peniel", einer großen christlichen Buchhandlung, zu gehen und dort nach brandaktueller Erweckungs-Literatur Ausschau zu halten. Ich hatte den Besitzer des Geschäfts auf einem Leiterschafts-Wochenende der Gemeinde von Pastor Ibarra in Quilmes kennengelernt.

Als ich zur Tür hereinkam, entdeckte mich gleich einer seiner Mitarbeiter. Da ich so viele Jahre später seinen Namen vergessen habe, nenne ich ihn mal Roberto. Meistens unterhielt ich mich mit Roberto erstmal ein bisschen über seine Familie, seine Gemeinde und was Gott aktuell so unter ihnen tat. Und dann fragte ich ihn, welche neuen Bücher er mir empfehlen könnte. Mittlerweile habe ich eine recht stattliche Büchersammlung in diversen Sprachen, die ich auf meinen Reisen aufgestöbert habe: Englisch, Spanisch, Französisch, Portugiesisch, naja, und natürlich auch einige deutsche Bücher. Nur gut, dass es inzwischen auch E-Books gibt. Das erleichtert das Gepäck. Zum Glück konnte man in den 1990er Jahren je nach Fluggesellschaft mit zwei Koffern à 23 kg fliegen. Oft hatte ich zusätzlich ein Handgepäck dabei, das wegen der ganzen Bücher so schwer war, dass ich es im Flugzeug kaum alleine in die Gepäckablage befördern konnte. Rollen hatten die Koffer auch noch nicht, was bedeutete, dass ich mein Handgepäck die ganze Zeit schleppen musste und meine Arme gefühlt immer länger wurden. Ich bin wirklich dankbar für die heutigen Rollenkoffer, die das Reisen sehr erleichtern.

Auch diesmal bekam ich von Roberto wieder heiße Tipps. Während wir sprachen, gingen wir die Treppe hinauf in den ersten

Stock, wo es seit neuestem die Möglichkeit gab, Videokassetten abzuspielen. Roberto erzählte mir ganz begeistert von einem Gottesdienst, den ich mir unbedingt anschauen sollte. Sie hätten den Gastsprecher auch in ihrer Gemeinde gehabt und Ähnliches sei geschehen. Absolut phänomenal!

Er legte die Kassette ein, startete den Rekorder und wünschte mir eine gute Zeit. Dann verschwand er wieder ins Erdgeschoss. Ich setzte mich in aller Ruhe auf einen Stuhl und war gespannt, was ihn so tief beeindruckt hatte.

Es ging in der Predigt um das Geben. Es war eine sehr feine, ausgewogene Predigt, einfach angenehm zu hören. Zum Abschluss lud der Sprecher die Anwesenden ein, Gott zu fragen, was sie an dem Abend ins Reich Gottes säen sollten. Das Opfer würde dann aber nicht für ihn sein, sondern direkt in der Gemeinde verbleiben. Gott wolle in der Versammlung Menschen freisetzen fürs Geben und sie segnen. Na, jetzt war ich aber gespannt, was passieren würde.

Zunächst geschah gar nicht viel. Dann kam langsam Bewegung in die Versammlung. Einer nach dem anderen kam nach vorne zur Bühne, um dort etwas abzulegen. Die einen kamen mit Geld, andere stellten eine Tüte Lebensmittel hin, die sie gerade dabei hatten. Sie kamen vom Einkauf direkt in den Gottesdienst und gingen erst anschließend nach Hause. Ein Junge brachte sein Fahrrad. Jemand zog seine neuen Sportschuhe aus und stellte sie auf die Bühne. Eine Frau legte ihre Jacke hin usw. Es war absolut erstaunlich, was die Menschen alles nach vorne brachten. Jetzt kam ein ärmlich gekleideter Mann mittleren Alters und legte seine Bibel auf die Bühne. Liebevoll strich er zum Abschied noch einmal mit der Hand über den Einband. Dann drehte er sich um und ging zurück an seinen Platz. Man sah ihm an, dass es ihn alles gekostet hatte, sich von seiner Bibel zu trennen und sie als Opfergabe nach vorne zu bringen.

Vielleicht denkst du jetzt das Gleiche wie ich damals: „Wie kann man denn eine Bibel ins Opfer geben? Das kann nicht von Gott sein. Wir haben doch unsere Bibel, um darin zu lesen, durch das Wort Gottes zu wachsen und nicht, um sie in eine Opfersammlung zu geben und danach nicht mehr in der Bibel weiterlesen zu können." Ich war darüber innerlich fast empört. Aber da Roberto, der mir das Video empfohlen hatte, jemand war, den ich schon länger kannte und wusste, dass er in eine sehr gute Gemeinde ging, geistlich gut geschult und nicht irgendwie komisch drauf war, entschied ich mich, das Video weiterzuschauen. Was hatte ihn so fasziniert bei all dem?

Nach einer Weile drängte sich der Mann, der die Bibel nach vorne gebracht hatte, zum Pastor durch und bat um ein Mikrofon. Unter Tränen erzählte er, dass er ein Bolivianer sei, der vor einiger Zeit nach Argentinien gekommen war, um Arbeit zu suchen, was sich aber als ziemlich schwierig erwiesen hatte. Deshalb habe er nur wenig Geld zum Leben. Als der Pastor dann die Versammlung eingeladen hatte, Gott zu fragen, was sie ins Opfer geben sollten, hatte er den Eindruck, er solle seine Bibel geben, das Einzige, was er besaß. Da er gehorsam sein wollte, hatte er sie schweren Herzens nach vorne gebracht. Dann war er an seinen Platz zurückgegangen.

Kurze Zeit spät klopfte ihm jemand, den er nie zuvor gesehen hatte, von hinten auf die Schulter und sagte, Gott habe ihm aufs Herz gelegt, ihm seine neue Bibel zu schenken, die er sich gerade erst selber gekauft hatte. Der bolivianische Bruder hielt sie total begeistert in die Luft. Er sagte, es sei genau die Bibel, die er sich schon immer gewünscht habe, sich aber nie hätte leisten können, weil sie so teuer und einfach so speziell sei. Und nun habe Gott ihm, nachdem er seine alte Bibel im Gehorsam ins Opfer gelegt hatte, postwendend durch den anderen Bruder diese wunderbare neue Bibel geschenkt. Seine Traumbibel!

„Wow!" So etwas kann nur Gott inszenieren. Und so gab es einige geniale weitere Zeugnisse, wie Gott aufs Geben gleich wieder Segen freisetzte.

Während ich mir das alles anschaute und anhörte, überlegte ich, was ich denn geben würde, wenn ich in so einem Gottesdienst wäre. Und dann kam mir der Gedanke: Ich würde 100 DM ins Opfer geben. 100 DM waren Anfang der 1990er Jahre für mich eine Menge Geld. Ich fühlte mich so richtig gut, dass ich „so viel" geben würde.

Eine leise Stimme machte sich in meinem Innern bemerkbar. „Ich will gar kein Geld von dir!" „Du willst kein Geld von mir? Was denn dann?" „Deinen Ring." Blitzartig schnellte meine linke Hand rüber zur rechten und bedeckte den Ring. Ich hörte mich sagen: „Das ist *mein* Ring." Die leise Stimme in mir sagte liebevoll: „Mein Ring, dein Ring. Alles was mein ist, ist dein!"

Ich war total überführt und beschämt, dass ich vor Gott gleich erstmal klargestellt hatte, was er mit Sicherheit nicht von mir bekommen würde, weil der Ring *mir* gehörte. Gott hat mit Jesus alles für uns gegeben, damit wir Erlösung, Errettung und Heilung erleben und zurück zu Gott kommen können. Jesus hat sein Leben für uns gegeben. Und ich reagierte so heftig, nur weil er mich um meinen Ring bat.

....

*„Herr, öffne uns die Augen des Herzens, damit wir
verstehen, was es bedeutet, dass wir deine Kinder sind,
die Kinder vom Schöpfer des Universums, und dass wir
dir nichts vorenthalten brauchen. Du willst uns nichts
wegnehmen, nur manchmal ein bisschen unser Herz
testen, um uns vor Augen zu führen, woran wir unser*

Herz gehängt haben. Du möchtest falsche Prioritäten und Herzenshaltungen offenbaren und uns freisetzen von allem, was uns in Gebundenheit hält, damit wir in die ganze Fülle hineinkommen können, die du für uns vorbereitet hast. Und du sagst: ‚Alles, was mein ist, das ist dein' (Lukas 15,31)."

....

Diese vehemente Trennung, die ich in meinem Herzen vollzog zwischen dem, was *meins* war und wo ich Gott sicherlich nicht ranlassen würde, und dem Seinen, hatte mich total verblüfft und beschämt. Ich hätte nie gedacht, dass ich Gott etwas „vorenthalten" würde. Aber das schien richtig tief zu sitzen, weil es in einer Situation aus mir herausplatzte, die total imaginär war. Ich war ja gar nicht real in einem Gottesdienst, wo es darum ging, dass ich wirklich herausgefordert gewesen wäre, den Ring ins Opfer zu geben. Ich hatte mir lediglich in Gedanken überlegt, was ich wohl geben würde und empfand mich auch noch als ziemlich großzügig mit meinem 100 DM-Gedanken. So können wir uns manchmal irren.

„Danke, Vater im Himmel, dass du uns immer wieder die Augen öffnest über den Zustand unseres Herzens und uns liebevoll aus der Reserve lockst." Ich kann mir richtig gut vorstellen, wie Gott wahrscheinlich über meine Reaktion geschmunzelt hat. Mir war sie natürlich mega peinlich, aber da er unsere Herzen kennt, wusste er ja schon vorher, wie ich reagieren würde. Ich knabberte noch eine ganze Zeit lang an „Gottes Anliegen" herum und nahm „sicherheitshalber" den Ring eine Weile ab, wenn ich in die Gottesdienste ging. Für alle Fälle! Irgendwann hatte ich das Ganze vergessen und steckte den Ring wieder auf.

Ein paar Jahre später flog ich auf eine Konferenz nach Mexiko. Du ahnst wahrscheinlich schon, was geschah. Als die Zeit der Opfersammlung kam, fragte ich den Herrn, wie viel ich geben sollte. Eine leise Stimme sagte: „Den Ring". Ich musste schmunzeln. Da hatte er mich „doch erwischt". Aber in der Zwischenzeit war einiges in meinem Herzen geschehen. So nahm ich den Ring freudig ab und sagte: „Aber gerne doch, Jesus. Er ist für dich! Von ganzem Herzen!" Eines Tages, auf einer anderen Reise nach Kolumbien, bekam ich einen wunderschönen neuen Ring geschenkt. Danke, Papa!

Gibt es vielleicht auch in deinem Leben etwas, wo du merkst, Gott bittet dich, es loszulassen aber du hältst es fest und willst es absolut nicht freigeben? Ich kann dich nur ermutigen: Sei ganz entspannt. Du kannst ihm alles anvertrauen. Er will uns nicht berauben, sondern lockt uns in einen neuen Segen hinein!

22

„Darf ich bitte einfach Gott sein?"

Es ist hochspannend, auf welchen Wegen Gott uns manchmal offenbart, was aktuell in unserem Herzensinneren vorgeht, wie wir so denken und wie wir ihn manchmal dadurch sogar unbemerkt in eine Box packen.

Nachdem ich Claudio und seine Gemeinde in Buenos Aires 1993 kennengelernt hatte, arrangierte Gott es, dass er nur sechs Wochen später zusammen mit seiner Frau zu uns in die Gemeinde nach Berlin kam. Zum damaligen Zeitpunkt arbeitete ich als Sekretärin in der Gemeinde und kümmerte mich um die beiden während ihres Berlin-Aufenthaltes. Ich freute mich sehr, dass ich für sie eine Brücke, ein Türöffner, nach Deutschland sein konnte. Bei ihrem ersten zweitägigen Besuch bei uns im September 1993 übersetzte sie ein Schweizer Pastor. Er hatte vor vielen Jahren in Argentinien gelebt und an der Bibelschule unterrichtet, an der Claudio seine Pastoren-Ausbildung machte. In dieser Zeit war er zu Claudios geistlichem Mentor geworden.

Ich sehnte mich danach, dass wir in diesen Tagen jeweils persönlich und dann auch als Gemeinde eine tiefe Berührung Gottes erleben würden. Ich war hin- und hergerissen zwischen dem Beobachten von Gottes Wirken oder einfach die Augen zu schließen, um selber empfangen zu können. Es ist so wichtig, nicht als Beobachter in die Gottesdienste zu gehen, sondern innerlich für sich selber auf Empfang zu schalten.

Immer und immer wieder kam Claudio auf mich zu, um mich zu segnen. Tief in mir fing ich an, damit zu hadern und sagte: „Herr, die anderen sind viel wichtiger. Ich habe ja schon in Argentinien Gebet bekommen. Er muss doch für die anderen beten, damit sie auch empfangen können." Claudio hatte natürlich meinen inneren Gedankenaustausch mit Gott nicht „mitgehört" und segnete mich fröhlich weiter. Ich argumentierte erneut: „Ich will doch aber direkt von dir, Herr, empfangen und nicht immerzu ‚bebetet' werden."

Es ist schon interessant, was wir manchmal für seltsame Gedanken entwickeln. Jedenfalls ist mir das in meinem eigenen Leben aufgefallen. Dir geht es vielleicht gar nicht so. Jeder andere sehnte sich danach, dass Claudio ihn segnen würde, während ich mich innerlich richtig in eine Abwehrhaltung begab, weil ich „direkt" von Gott empfangen wollte und nicht durch „Menschenhand". Ich war sehr dankbar, dass Gott mich dennoch sehr tief an diesen Abenden berührte. Die Gottesdienste endeten gegen 1:00 bis 2:00 Uhr morgens. Und das unter der Woche. Aber Gott war da und tauchte uns so in seine Gegenwart ein, dass wir Raum und Zeit vergaßen.

Die Herausforderung für mich bestand am Ende des Abends – beziehungsweise des beginnenden Morgens – darin, noch ein offenes Restaurant für uns zu finden. Dies war selbst im Zentrum Berlins auf dem Kurfürstendamm ein fast unmögliches Unterfangen. Am ersten Abend rettete uns Burger King, am zweiten Abend eine verrauchte Studentenkneipe.

Als Freidzons wieder abgereist waren, fragte mich Gott: „Warum durfte ich dich eigentlich nicht durch Claudio segnen, indem er für dich betete?" Mehr sagte er nicht. Ich bewegte die Frage einige Tage in meinem Herzen und bat ihn dann um Vergebung, weil ich so meine eigenen Vorstellungen gehabt hatte, wie ich seinen Segen empfangen wollte. Ich gelobte Besserung. Dann fiel mir ein, dass wir bald mit mehreren Leuten nach Essen zu einer Konferenz mit Benny Hinn fahren würden. Mir kam ein super Gedanke. Ich sagte zum Herrn: „Sorry das mit Claudio. Ich werde mich nicht mehr sträuben, wenn Männer oder Frauen Gottes für mich beten wollen. Wenn wir jetzt zu Benny Hinn fahren, gebe ich dir grünes Licht. Er kann gerne für mich beten."

Die Zeit verging und meine Erwartung bezüglich der Heilungsgottesdienste in Essen stieg immer mehr. Endlich war der Tag gekommen. Wir hatten mit einer größeren Gruppe aus der Gemeinde einen Bus gemietet und machten uns gemeinsam auf den Weg. Am ersten Abend gelang es mir, mit einigen Freunden im Innenraum der großen Halle ungefähr in der 10. Reihe vor der Bühne einen Platz zu bekommen. „Genial!" Ich hatte gar nicht damit gerechnet, dass wir so weit vorne sitzen könnten. Die Veranstaltungen mit Benny Hinn waren immer sehr voll und bedeuteten stundenlanges Anstehen. Dann ging es endlich los.

Irgendwann im Verlauf des Abends kam er von der Bühne herunter, ging langsam durch die Gänge und fing an, immer wieder für einzelne Leute zu beten. Manche rief er sogar aus den Reihen heraus, um dann auf dem Gang für sie zu beten. Etliche fielen unter der Kraft Gottes zu Boden. Das war alles hochspannend. Die Atmosphäre war wie elektrisch geladen. Ohne Zweifel, Gott war hier an diesem Ort. Ich hatte Gott ja grünes Licht gegeben, dass Benny Hinn gerne für mich beten könnte und war gespannt, ob es nun auch passieren würde. Dann kam er auf unsere Reihe zu und rief ein befreundetes Ehepaar auf, das neben mir saß. Super, ich war fest davon überzeugt, dass ich als Nächste dran sein würde. Und ja, er rief die nächste Person aus unserer Reihe heraus. Aber nicht mich, sondern die Person, die auf der anderen Seite neben mir gesessen hatte. Ich sagte zum Herrn: „Und jetzt ich! Jetzt hast du ja schon die Leute rechts und links von mir herausrufen lassen. Er kann mich wirklich aufrufen. Ich habe dir ja grünes Licht gegeben." Er rief noch ein paar andere um mich herum auf. Dann ging er weiter. Er hatte mich einfach übersprungen.

Ich verstand die Welt nicht mehr. Der Segen war so nahe, nur eine Handbreit von mir entfernt. So fühlte es sich jedenfalls an.

Warum hatte er mich denn nicht rausgerufen? „Herr, das verstehe ich nicht. Ich hatte dir doch grünes Licht gegeben?" „Ja, mein Schatz, ich weiß. Aber darf ich bitte einfach Gott sein? Ich würde gerne so wirken, wie *ich* es auf dem Herzen habe. Und nicht: Dies darfst du tun, jenes darfst du nicht tun. Tu es jetzt, tu es später."

„Oh, sorry". Die Botschaft war angekommen. Ich hatte die Lektion verstanden und musste schmunzeln. Wie geduldig Jesus doch mit uns ist und wie liebevoll er uns immer wieder in neue Freiheiten führt.

Er liebt es, uns mit seiner Güte zu überraschen und uns auf seine Art und Weise zu berühren und zu beschenken. Gott ist so viel größer und kreativer als wir uns je vorstellen könnten.

Vielleicht hast du Gott auch in eine Box gepackt und hast deine festen Vorstellungen, was Gott in deinem Leben tun darf und was nicht – und wann und wie er wirken darf.

Dann möchte ich dich ermutigen, ihn um Vergebung zu bitten und ihn ganz neu einzuladen, dich so zu berühren, wie er es auf dem Herzen hat.

Teil IV

„Rufe mich an, so will ich dir antworten…"

23

Es gibt noch so viel mehr zu entdecken

M it Gott zu leben ist eine spannende, scheinbar nie endende Entdeckungsreise, auf der wir immer wieder ins Staunen versetzt werden. Der Schöpfer des Universums lädt uns ein, in eine tiefere Beziehung mit ihm zu kommen, uns Zeit zu nehmen, in seiner Gegenwart zu verweilen, um ihn noch besser kennenzulernen und ihn zu genießen. Je mehr wir das tun, umso größer wird die Sehnsucht in uns, noch mehr Zeit mit ihm verbringen zu wollen. Er möchte uns immer tiefer eintauchen in den Strom seiner Liebe und sein Herz mit uns teilen.

Und je mehr wir ihn und seine überwältigende Liebe kennenlernen und erleben, umso leichter wird es uns fallen, ihm immer mehr Bereiche unseres Lebens anzuvertrauen, damit er uns verändern und freisetzen kann, sodass wir in all die Fülle hineinkommen können, die er für uns vorbereitet hat. Er sehnt sich danach, dass Zentrum unseres Lebens sein zu dürfen und freut sich, wenn wir ihn an unserem Alltagsleben aktiv teilhaben lassen. Er möchte mit uns durch dick und dünn gehen, uns durch die Täler unseres Lebens begleiten, auf die nächste Anhöhe führen und gemeinsam die Siege mit uns feiern.

Gott lädt uns ein:

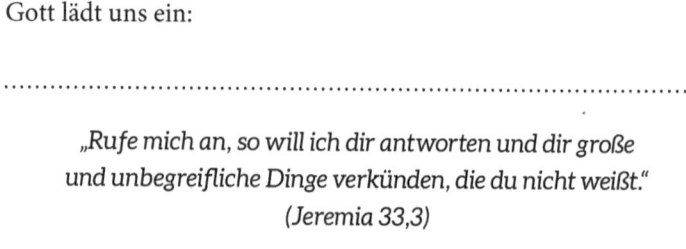

„Rufe mich an, so will ich dir antworten und dir große
und unbegreifliche Dinge verkünden, die du nicht weißt."
(Jeremia 33,3)

Er möchte uns nur zu gerne sein Herz und bislang noch verborgene Geheimnisse seines Reiches offenbaren.

Die Zeiten in Argentinien, als der Heilige Geist die Regie über die Gottesdienste übernahm, waren für mich wie ein Vorgeschmack auf zukünftige Zeiten, wenn seine Herrlichkeit ganz neu auf uns kommen wird.

Sie haben mir die Augen für eine Dimension von Gottes Wirken geöffnet, die ich noch nie erlebt hatte.

Ich wurde erinnert an die Tempeleinweihung zur Zeit Salomos, als die Priester wegen der Wolke nicht hinzutreten konnten, um den Dienst zu verrichten, denn die Herrlichkeit des Herrn erfüllte das Haus Gottes (2. Chronik 5,14).

Seitdem brennt eine Sehnsucht in meinem Herzen nach immer mehr von seiner Gegenwart. Ich sehne mich danach, dass er auch bei uns die Versammlungen mit seiner Herrlichkeit erfüllt, uns eintaucht in seine Gegenwart und unsere Herzen tief berührt, bis wir zu brennenden Fackeln seiner Liebe werden und sie hinaustragen zu all denen, die diesen wunderbaren Gott, ihren Schöpfer, unseren Abba-Vater, noch nicht kennen.

Und so ist mein Gebet, und vielleicht möchtest du es mitbeten oder ihm mit eigenen Worten dein Herz ausdrücken:

„Gott, ich sehne mich nach einer tieferen Beziehung mit dir.
Ich möchte dich noch besser kennenlernen. Bitte tauche mich
ganz neu in den Strom deiner Liebe ein und öffne mir
die Augen, wie du wirklich bist. Decke alle Lügen auf, die ich
über dich glaube.

Ich lade dich ein, aktiv in meinem Leben involviert zu sein.
Hilf mir, hineinzuwachsen in so eine tiefe Vertrautheit,
dass ich mein Herz mit dir teile und nichts mehr vor dir
zurückhalte.

Bitte begegne mir ganz neu in meinen persönlichen Zeiten
mit dir. Mach mich hungrig nach mehr von dir und zieh mich
immer mehr an dein Herz!

Tauche uns alle ein in deine Gegenwart und Herrlichkeit,
in unseren persönlichen Zeiten mit dir sowie auch in
unseren Versammlungen."

Nachwort

Vielleicht hast du dieses Buch nun zu Ende gelesen und hast selber noch gar keine persönliche Beziehung zu Gott. Oder du hast festgestellt, dass dir die Tiefe der hier beschriebenen Beziehung zu ihm fehlt. Und vielleicht bist du ganz erstaunt, dass Gott uns Menschen so sehr liebt, dass er sich nach einer innigen Gemeinschaft mit uns sehnt, so wie ein Vater sich nach Gemeinschaft mit seinen Kindern sehnt.

Wenn du merkst, dass du ihn gerne selber kennenlernen möchtest oder dass du dich nach einer tieferen Beziehung zu ihm sehnst, kannst du ihm das einfach sagen. Er freut sich darüber und wird anfangen, sich dir mehr und mehr zu offenbaren.

Um selbst zu entdecken, was das Wort Gottes über ihn sagt, ermutige ich dich, in der Bibel zu lesen. Fang am besten mit den vier Evangelien im Neuen Testament an: Johannes, Lukas, Markus, Matthäus und bitte Gott, persönlich zu dir zu reden.

Mein Gebet ist, dass du wunderbare Entdeckungen machst und erfährst, wie seine Liebe dein Herz erreicht und dein Leben erneuert, bereichert und zur Erfüllung bringt.

Danksagung

....

Mein ganz besonderer Dank gilt dir,
lieber Heiliger Geist!

Es hat wieder viel Spaß gemacht, mich an all die
herrlichen Erlebnisse zurückzuerinnern und sie
unter deiner Federführung zu Papier zu bringen.

....

Herzlichen Dank auch an:

- alle meine lieben Freunde und Geschwister, die mich immer wieder ermutigt haben, weiter zu schreiben und ein neues Buch herauszubringen.

- Verena Welteke und Birgit Bednarzik, die das Skript mit Hingabe und Freude korrigiert und „verflüssigt" haben, sowie an Johanna van der Sande und Gudrun Uhlig.

- Marion und Lars Jaensch, die den Gesamtprozess des Buches begleitet haben und mit einer genialen Cover-Idee noch ein i-Tüpfelchen draufsetzten.

- all diejenigen, die dann die Umsetzung des Projektes in seiner letzten Phase bis hin zum Druck mit Rat und Tat begleitet haben.

Ohne euch wäre das alles nicht möglich gewesen.

Ihr seid echte Schätze!

Über die Autorin

K arin Detert ist Jahrgang 1960 und lebt in Berlin. Seit 1990 bereist sie als „Kundschafterin Gottes" viele Länder der Welt, insbesondere Erweckungsgebiete in Lateinamerika, und berichtet über Gottes Wirken in den Nationen.

Ursprünglich Bankkauffrau, studierte sie anschließend Sprachen und wurde Diplom-Übersetzerin. 1987 legte sie in England ihr Leben in Gottes Hände. Später besuchte sie das dreijährige Berliner Bibelkolleg ihrer Heimatgemeinde, wo sie dann 17 Jahre als vollzeitliche Mitarbeiterin tätig war.

2009 gründete sie den Ermutigungsdienst „Brücke zu den Nationen – Bridge to the Nations e.V.", um Gemeinden und einzelne Christen mit dem Erweckungsfeuer Gottes sowie seiner Vaterliebe in Berührung zu bringen und den Leib Christi international miteinander zu vernetzen. Karin predigt, hält Seminare und ist als Übersetzerin, Dolmetscherin und Autorin tätig.

Infos zur Autorin:

www.karindetert.com
E-Mail kontakt@karindetert.com

Mehr von Karin Detert

**Mit Gott an unserer Seite
wird das Leben
zum Abenteuer**

In diesem Buch beschreibt
Karin Detert in lebendigen
und anschaulichen Geschichten ihre Abenteuer mit Gott,
welche sie im Alltag sowie auf
Reisen machen konnte. Beim
Lesen wird der eigene Glaube
gestärkt und man empfängt
Inspiration für größere Ziele
in der eigenen Nachfolge.

*„Es gibt Bücher, die machen Mut und Appetit, mehr vom eigenen
kleinen Leben zu erwarten und mehr mit Gottes Eingreifen zu
rechnen. Wenn man sie gelesen hat, ist man anschließend total
ermutigt und freut sich schon auf das nächste Abenteuer, das man
nun selber mit Gott erleben will! – Dieses Buch gehört ganz gewiss
dazu!"*

Matthias Hoffmann

Aufbruch-Verlag, Berlin 2015
ISBN 978-3-926395-59-7

www.gadwmedien.de